Securitization in the
Investment Marketplace

资产证券化与
投资市场

——来自中美市场一线的探索

李 叶_著

黄文礼 李璐 等_译
巴曙松_译审

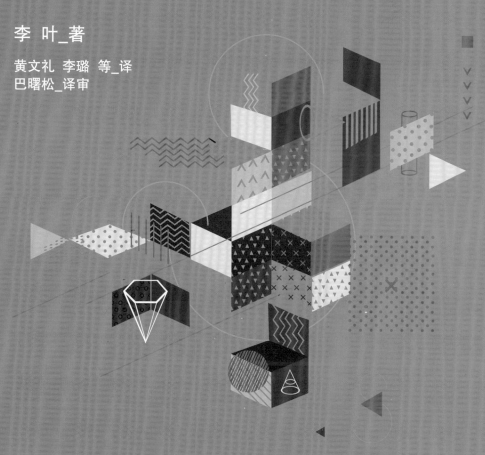

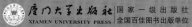 厦门大学出版社
XIAMEN UNIVERSITY PRESS

国家一级出版社
全国百佳图书出版单位

来自资产证券化一线实践者的理论思考

《资产证券化与投资市场——来自中美市场一线的探索》中文版序

金融业是一个实践性极强的行业,金融市场实践的探索往往走在理论的前面;与此同时,金融业也是一个十分需要深入的理论总结、反思的领域,缺乏坚实理论支持的金融超前探索往往带来金融市场的巨大动荡。

不过,从我的切身体会看,在金融领域要做到金融理论与实践的良性互动,并不容易。在金融一线的实践者因为直接支配大量的金融资源,因而有意无意会带有对金融理论思考的自负、傲慢和轻薄的态度,而且也会轻易地找到金融理论研究对第一线的金融市场动态缺乏了解的细节缺陷。至于金融理论研究者,则往往为了获得论文发表和职称、荣誉评定等方面的纸面的成绩,容易把金融研究做成纸面上和书斋中的、离金融市场一线十分遥远、被金融一线操作者指责为"不接地气"的研究,他们很容易地把自己对现实金融市场的不了解转化为对金融市场一线操作者的事务主义和缺乏理论支持的各种指责,用这些指责来掩盖自己对金融市场一线的不了解。

正是在这个意义上,我个人十分喜欢与那些能够自如地在金融理论与实践之间建立良性互动的专业人士交流,他们或者有深厚的理论基础但是敢于到市场一线去探索和接受市场的检验;或者是有丰富的一线金融市场的业务经验但是不停留于这些有限的经验,而是在大量一线业务经验的基础上保持开放的心态,积极进行不同角度的理论总结和反思。这些优秀的专业人士是真正推动金融理论与实践前进的专业人士。

以我个人的了解,我认为李叶博士就属于这样一位注重金融理论与实践密切互动的专业人士。我在2013—2015年有机会到哥伦比亚大学商学院担任高级访问学者,除了向哥大的优秀学者请教交流外,一个重要的原因是希望与华尔街的优秀专业人士交流。在我组织的一些讨论和交流活动中,我认识了当时在华尔街担任债券交易员的李叶博士。李叶博士毕业于清华大学,于1987年在CUSPEA奖学金的支持下出国深造,取得罗格斯(Rutgers)大学物理博士学位,之后在华尔街从事债券产品量化分析和交易。我们见面时,李叶博士任职Cantor Fitzgerald债券交易部,负责发行和交易房贷债券。在李叶博士的安排下,我还和Cantor Fitzgerald的CEO以及不同部门的专家有过深度交流,其中的不少观点,我看到也体现在本书一些章节中。

在现实金融市场需求的推动下,当前有关证券化的书籍汗牛充栋,但由于作者本人的理论素养和实践经验,使得本书不仅仅是一般性的知识介绍,还带有不少创新性的探索研究,比如书中的如下内容就值得关注:

1.定价模型:本书指出,定价的本质是利用市场信息定出风险的市价,并进一步指出传统定价模型的先天缺陷。本书提出结构性定价的模型,并举了几个成功的案例,特别是作者本人 2010 年建立的、市场上当时为数甚少被市场检验是正确的 PrimeX 定价模型。

2.投资者群体:本书强调投资者种类数对资产证券化的作用。尽管证券化过程中会产生成本,但它依旧能产生附加的价值。结构化的现金流切割,产生出满足多个投资群的产品,因而能卖出更高的价格。本书在介绍 MBS 各类产品时,都指明了该产品适合哪类投资者。

3.有不少独具特色的研究内容:本书的特色研究之一是洗涤(burnout),这份研究当时成了十分受市场关注的营销材料。

2014 年李叶博士成为"海归(海龟)",从华尔街回到中国市场,任职于广发证券。基于中国市场对有扎实理论基础的金融专业人士的巨大需求,我十分支持他的这个决定,并且还专门在他回国后推荐他到广州的高校和研究机构交流讲座,也专门到他们办公室看望和交流。我了解到,在广发证券工作期间,李叶博士结合美国经验和中国实际情况,主持发行了不少证券化产品,其中包括信融 2016 年第一期 19.21 亿规模的个人住房抵押贷款资产支持证券。此产品 2016 年 3 月 15 日完成簿记建档,3 月 18 日该期资产支持信托正式成立,顺德农商银行成为全国第二家发行个人住房抵押贷款证券化产品的农商银行,也是目前全国农商银行发行的信贷资产证券化产品中规模最大的一单。根据簿记建档结果,优先 A1 档(早偿率 0% 时加权平均期限 1.3 年),发行利率 3.00%;优先 A2 档(早偿率 0% 时加权平均期限 5.54 年),发行利率 3.80%;优先 B 档(早偿率 0% 时加权平均期限 8.19 年),发行利率 4.90%,发行利率创个人住房抵押贷款资产证券化产品新低,反映了市场对这期产品的认可,也得到主管部门的称道。李叶博士还主持了广发资管·民生银行安驰 1 号汇富资产支持专项计划。这是当时市场上的首单贸易金融项目,打开了贸易金融这个商业银行传统业务与资本市场的通道,构造了适合保理、保函、信用证等特性的规模交易模式。虽然保理、保函、信用证等可以直接交易,但证券化可以让产品标准化和规模化。一次申报、多次发行的模式大大缩短了操作时间和发行成本。常态化发行这个模式也增加了发行时点的可预期性,也因此提高了产品的受欢迎程度。类似模式也可以用在企业应收账款 ABS 项目上。过去的模式是项目型的操作方式。对于 ABS 管理人来说,每个企业应收账款 ABS 项目个性都很强,操作方式不可复制,也就不可规模化。对于投资者来说,也因应收账款 ABS 产品个性化太强不能复制,使得分析成本过高。管理人的操作成本和投资者的分析成本都最终大幅提高了

ABS 的发行成本。更加有效的 ABS 发行模式是在供应链中选择一个高品质的核心主体,充当服务商,归集资产,把控风险,并提供外部增信。该主体必须对相关的实体行业有足够的渗透,对链条中诸企业有相当的风险评估和把控能力。这种主体可以是银行、大型国有企业、租赁公司。在这种模式下,每单 ABS 规模可以大幅提高,发行可以常态化、标准化。投资者对 ABS 产品的分析就可以局限在行业以及核心主体,因而分析成本也大幅降低。

随着中国金融结构的转型和市场的发展,中国资产证券化市场继续保持强劲的发展势头,在监管部门的引导和市场参与各方的共同努力下,市场流动性明显提升,创新迭出,市场参与者类型更加多样,产品结构更加丰富,同时相对应的二级市场也呼之欲出。市场越发展,越需要更专业的量化分析。在这个时间推出李叶博士的这本理论与实践相结合的著作,希望对市场的发展有所帮助。为了更契合中国市场的实际状况,李叶博士在英文版的基础上,专门为本书增加撰写了新的章节。我也希望李叶博士以此为新的起点,在专业理论与实践的探索上取得新的成绩。

巴曙松教授、博士生导师
香港交易所首席中国经济学家
中国银行业协会首席经济学家
2016 年 5 月

　　资产证券化是一项集投融资于一体的资产管理形式,其在美国已有几十年的成长历史,ABS(包括 MBS)的份额占整个美国债券市场的比重超过 20%,已经成为重要的融资渠道。中国金融市场,尤其是资产证券化市场,相对很年轻。国内的资产证券化自推出迄今虽有 11 年的发展历史,但前 9 年基本上是萌芽期,直到 2014 年,国内的监管政策发生了实质性变化,资产证券化由审批制转为备案制,资产证券化产品的发行才出现井喷现象,1 年的发行规模超过前 9 年之和。因此,2014 年也被称为中国资产证券化真正的元年。

　　作为行业主要的大型综合类券商之一,广发证券注重资产证券化业务开展及相关人才培养引进工作,近几年来陆续引进了一批海外金融人才,其中就包括资产证券化资深专家李叶博士。李博士在美国华尔街从事了十几年的产品研究、市场开发和 MBS 交易。加入广发后组建了一支业务团队,这支业务团队在证券化、员工持股计划、跨境投资等方面都取得了不错的成绩。2016 年,由李叶博士主持发行了顺德农商银行信融 2016 年第一期 19 亿元规模的个人住房抵押贷款资产支持证券,该项目制作材料受到监管部门的一致好评。事实上,广发证券在国内资产证券化实践方面一直走在行业的前列,2015 年,广发资管全年发行企业 ABS 共 134 亿元,行业(券商资管和基金子公司)排名第二。其中,租赁 ABS 发行 75 亿元,市场占比 13%,行业第一;应收账款 ABS 发行 59 亿元,市场占比 23%,行业第一。当然,由于中国的资产证券化行业仍旧处在初级阶段,ABS 发行尚未形成常态化,每一个项目的工作量主要是在承揽和材料制作,所用技能主要体现在法务和财会上。随着市场逐渐成熟,重心会逐渐向投资端和量化分析转移。尤其在业务模式已经成熟的华尔街,由于 ABS 发行已经常态化,其工作重点已转移到满足诸多投资群体的需求上,日常工作大都围绕着现金流的切割以及产品的定价和风险评估,所用技能也主要体现在量化分析上。李叶博士在本书第六章分析量化模型中会详细阐述。另外,本书还会针对资产证券化相对于融资方的优势进行一一分析,比如融资成本优势,由于风险隔离,资产证券化产品的信用评级有可能高于发行主体,因而某些信用资质不是很好的公司(比如汽车制造商旗下的金融服务公司)可以通过资产证券化获得相对低成本的融资。金融公司可以利用资产证券化实现轻资产运作,将可放贷规模放大几十倍,改善财会指标,提高 ROE。

近两年,企业 ABS 发展迅速,但企业 ABS 基础资产繁杂,风险点多。有些项目的资产集中度高,内部增信很难起到保护优先级的作用;也有些项目的基础资产的信用质量很一般,没有很好的风险缓释作用。本书的特色是 ABS 基础资产的行为模型以及产品的定价和风险分析，在现在这个节点上推出这本书正当其时。希望读者能够通过本书对资产证券化项目的选择、结构设计，以及产品的风险分析有所借鉴。

广发证券股份有限公司总经理　林治海

2016 年 5 月

这本书是我 2013 年底写完的,主要目的是,将自己过去多年在资产证券化职业生涯中积累的经验和同行交流分享。我最初在汇丰银行从事资产证券化行为定价模型的研究和开发。2008 年初金融危机开始时,我到黑岩资产管理公司继续从事资产证券化模型的研究和开发,而且有幸在那里参与了美国和欧洲的救市计划,特别是大型金融机构,比如美国两房、花旗银行、富国银行等资产评估工作。此后,我又以交易员的身份加入到 Cantor Fitzgerald,进行资产证券化产品的发行和交易。这些千载难逢的经历给了我比较全面的知识,从买方到卖方双方不同角度去衡量资产价值。

美国的资产证券化已有几十年的历史,相关的书籍已有很多,但是关于定价模型的书并不多。金融危机把资产证券化产品推到了风口浪尖,尤其体现在如何为这些复杂衍生品定价上。最为极端的例子是 2010 年首次发行的 PrimeX 指数。在 PrimeX 首次交易之前,各大经销商都发表了 PrimeX 的定价论文。

但由于定价模型的缺陷,各大经销商的理论价格与首次交易日的实际交易价格相差甚远。

本人经历了量化开发、模型研究、交易策略、债券交易等角色,由于本人的经历比许多量化分析师的经历更加广泛,本人对证券化产品的行为及定价都有些特有的认知。这些认知已纳入本书中。本书指出传统定价模型的先天缺陷,提出结构性定价的模式,并举了几个成功的例子,包括本人 2010 年建立的市场上唯一正确的 PrimeX 定价模型。虽然本书只有一个章节讨论模型,但由于其特色所在,本书将其定名为"资产证券化行为及定价模型"。

虽然最大特色在行为和定价模型,但本书在美国的证券化市场的其他方面也有全面的介绍。前三章主要是历史、市场构成与趋势、实际操作三方面的概述。第四和第五章是对 MBS,信用卡 ABS 的深入讨论。第六章是本书最为核心的部分,行为和定价模型。鉴于本书的中文版主要受众是中国证券化市场的从业者,本书中文版添加了一个章节,对中国的证券化市场进行了探讨。

除了行为与定价模型讨论之外,本书还会分享的研究成果和观点如下:

1.投资者群体:本书强调投资者种类数对资产证券化的作用。尽管证券化过程中会产生成本,但它依旧能产生附加的价值。结构化的现金流的切割,产生出满足多个投资群的产品,因而能卖出更高的价格。本书在介绍 MBS 各类产品时，都指明了该产品适合哪类投资者。

2.特色研究：本书提到的两个特色研究之一是洗涤（burn-out）。这份研究当时成了最热门的营销材料。

这本书能出版，我非常感谢现在和以往的领导和同事们，正是他们给了我学习进步的机会，我才有机会走到今天这个位置。

非常感谢巴曙松教授金融团队给了我翻译出版的机会，黄文礼、李璐、梁炳培、姚舜达、王力航等共同参与了初稿翻译，随后他们又进行了多轮交叉校对和文字润色工作。翻译过程中，得到了巴曙松教授的全力支持，他对全书进行了认真细致的审校工作，以减少翻译中可能出现的错误。同时，厦门大学的编辑们为促成此书的出版也做了大量的细致工作，在此表示诚挚的感谢。

广发证券　李叶

2016 年 4 月

目 录

引 言

　　2007—2008 年,由次级抵押贷款引起的金融危机被认为是美国自 20 世纪 30 年代大萧条以来最为严重的一次。这场危机导致超过 400 家银行和信用合作社破产或进入破产管理程序,这其中还包括跻身于华尔街巨人行列的、国际知名的两家金融公司:贝尔斯登(Bear Stearns)和雷曼兄弟(Lehman Brothers)。从 2008 至 2009 年,美国股市从 2007 年的峰值下跌了近 50%(见图 0.1)。始于美国的这场金融危机迅速发展和蔓延,并冲击全球经济,导致一批欧洲银行纷纷倒闭,全球股市下跌和经济下滑。

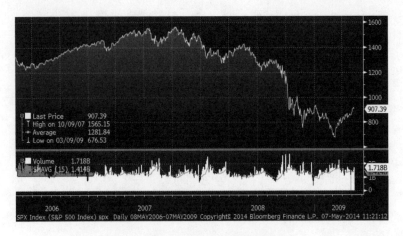

图 0.1　2006—2009 年标普 500 指数

来源：Bloomberg

　　随后，美国政府任命美国国会金融危机调查委员会，就金融
危机的起因开展了相关调查，并于 2011 年 1 月发布了金融危机
调查报告。报告指出："尽管经济危机的潜在因素是长期以来形
成的市场本身的脆弱性，但其导火索是由来已久的低利率、宽松
的信贷政策、监管力量的不足以及不良抵押贷款等因素导致的
房产泡沫。房产泡沫的破灭如同点燃了导火索，引发了后续一
系列事件，并最终演化为 2008 年秋天全面爆发的全球性金融危
机。抵押贷款相关证券经过打包组合，出售给全世界的投资者
时，数万亿美元的高风险抵押贷款充斥了整个金融体系。当泡
沫破裂的时候，抵押贷款和抵押贷款相关证券蒸发了数千亿美
元，给市场以及一些金融机构带来了巨大冲击，因为这些金融机
构用高杠杆购买了很多抵押贷款证券。这不仅仅发生在美国，

还蔓延到了世界各地。所造成的损失也被诸如合成证券等金融衍生品放大。"

从笔者的角度来看,复杂的金融产品并不是本次金融危机的根源。对这些复杂的金融产品认知的不足、风险评估的不恰当、金融监管和调控的普遍缺失等才是导致这次金融危机发生的主要原因。如果能对这些复杂的金融产品有更好的认知和了解,那么与它们相关的风险便可以大大降低。

本书将简单介绍资产证券化产品的历史、分类以及它们在美国金融危机后的资本市场现状。我们还将进一步深入讨论关于抵押贷款支持证券(MBS)、抵押贷款担保证券(CMO)、资产支持证券(ABS)和信用卡 ABS 等证券化产品的相关细节。最后,我们还将与广大读者分享本人在多年的美国金融市场实践中形成的关于这些复杂的证券化产品的估值方法。

第一章

美国的证券化市场历史

导读

　　起源于 20 世纪 60 年代的资产证券化是金融实践的一次创新。金融危机后,人们认为住房抵押贷款和资产支持证券等衍生产品是导致 2008 年金融危机发生的根源。但是数据显示,证券化市场仍然给金融市场提供了充分的流动性,并且是一个可行的投资选择。就像亚当·斯密的"看不见的手"的理论可解释的那样:这些复杂的产品仍然存在,仍然是可行的,因为市场和经济需要它们。

一、2007—2008 年的次贷危机

　　从 20 世纪 90 年代后期起,受俄罗斯债务危机和 1997 年亚洲金融风暴等经济事件的影响,外国投资基金开始寻求和转向更安全的投资市场。美国由于其经济扩张和稳定的投资市场环境等原因,很自然地成为这些外国基金竞相追捧的投资市场,因此大量的资金蜂拥而至。与此同时,美国联邦储备委员会下调联邦基金利率,从 2000 年的 6.5% 降至 2003 年的 1.0%。资金的大量涌入加上利率的不断降低,使得在美国资本市场中信贷规模大大提高。

　　住宅建设和贷款消费开始极速发展。作为住房和信贷市场井喷的一部分,市场上那些由房屋(如衍生出的抵押贷款支持证券,即 MBS)和信贷(如衍生出的资产支持证券,即 ABS)所衍生出来的证券化产品数量和规模大大增加。抵押贷款支持证券中

质量较低的证券构成了次级抵押贷款支持证券,并以相对较高的收益率在市场上销售。这些资产恰恰迎合了许多寻求高回报投资者的需求,然而投资者对这些金融产品的风险暴露认识是不足的。2007年,伴随着房地产泡沫破裂和房价暴跌,大量投资于次级抵押贷款支持证券的投资者最先遭受了巨大的损失。这些投资者包括对冲基金、银行、共同基金以及个人投资者。这引发了2008年大规模的次级抵押贷款危机,最终对美国金融体系和经济造成了严重损害,并在很大程度上影响了全球金融系统的稳定。

许多金融学家、政治人物和媒体专家均认为住房抵押贷款和资产支持证券等产品危害了经济发展,并同时指出这类衍生产品是导致此次金融危机发生的根源。但实际上,无论是在2007—2008年金融危机发生之前还是之后,抵押贷款证券和资产支持证券都在市场上大量地发行和交易。亚当·斯密的"看不见的手"的理论给出了唯一的解释:这些复杂的产品仍然存在,仍然是可行的,因为市场和经济需要它们。

二、证券化产品是如何产生的

起源于20世纪60年代的资产证券化是金融实践的一次创

新。它是将各种类型的契约债务,如住房抵押贷款、信用卡债务、汽车贷款和商业不动产贷款等形成的资产池进行结构重组,形成像抵押贷款支持证券(MBS)或资产支持证券(ABS)的证券化过程。这些债权归集过后可能进一步经历第二次证券化过程,并创造出一些如抵押担保债券(CMO)或担保债务凭证(CDO)等复杂产品。这些产品被兜售给了那些以购买债权产品份额来寻求相当投资回报的投资者,投资者从这些债权所产生的周期性现金流中定期回收本金和利息。

我们通常根据用以产生现金流的基础资产的类别不同,将资产证券化产品分为两大类。抵押贷款支持证券(MBS)是指根据抵押贷款所产生的应收账款而发行的证券,也就是将住房抵押贷款作为基础资产的信贷资产证券化产品。除了住房抵押贷款外,由其他类型的应收账款①作为基础资产的证券称为资产支持证券(ABS)。由于资产证券化市场的产品非常复杂、规模巨大,因此 MBS 和 ABS 通常向机构投资者(如养老基金、对冲基金、银行)出售。个人投资者通常通过专门从事这类产品投资的共同基金来购买这些复杂的金融产品。

---

① 资产支持证券典型的基础资产包括除抵押贷款以外的应收账款,比如信用卡应收账款、汽车贷款、房屋建造合同以及房地产贷款,等等。资产支持证券与其他大多数债券的不同之处在于它们的信用价值(发行流通中的 90% 以上信用评级为 AAA 级)并不取决于标的资产原始持有人的偿付能力。——译者注

三、始发机构

早期参与证券化实践和支持证券化发展的机构有联邦国民抵押贷款协会[也称为房利美(Fannie Mae)]、美国政府国民抵押贷款协会[也称为吉利美(Ginnie Mae)]和联邦住房抵押贷款公司[也称为房地美(Freddie Mac)],由这些政府机构或政府支持企业(GSE)发行的证券被称为机构证券。后来,越来越多的金融机构,如美国银行、高盛(Goldman Sachs)也开始开展相关业务,通过这些金融机构发行的产品被称为非机构证券(Private-label Securities)。

房利美是美国第一个资产证券化机构。它成立于1938年大萧条期间,属于富兰克林·罗斯福总统推行的新政立法的一部分,其目的是确保有意愿发放住房抵押贷款的银行和其他贷款机构有充足的资金以低利率贷款给住房购买者。它通过抵押贷款支持证券的形式对抵押贷款进行证券化,以此扩大二级抵押贷款市场的规模。房利美向贷款机构购买经过联邦住宅管理局担保的抵押贷款,通过这一过程,使得贷款机构资金得以回笼,并将回收的资产再投资。因为有更多的资金可供放贷,最终降低了供房的门槛和提高了物业持有率。在 1970 年之前,房利美几乎垄断了二级抵押贷款市场。[①]

1968 年,房利美被拆分成现在的房利美和吉利美。吉利美仍然作为一个政府机构,它是明确以美国联邦政府的国家信用为基础,提供由联邦住宅管理局(Federal Housing Administration,FHA)、退伍军人事务部(Department of Veterans Affairs,VA)和美国农场主住宅管理局(Farmers Home Administration,FmHA)担保的具有社会福利属性的特殊按揭贷款。

拆分后,房利美成了政府支持企业[②];这和作为政府机构的吉利美处于不一样的地位。但即使作为私营公司的房利美,市场仍然认为它和政府机构一样,不存在或者存在很小的信用风险。事实上,美国联邦政府在 2008 年 9 月紧急救助房利美的事件中就反映了这一点。房利美和房地美[③](两家 GSE)在金融危机发生之后被联邦政府[④]采取"监护措施"。未来这两家机构可能会有一些新的变化,但它们仍然会继续扮演一直以来它们所扮演的角色。

----

① 本质上,证券化过程增强了抵押贷款资金的流动性,降低了购房成本。——译者注

② 拆分后,房利美成为完全私有化的上市公众公司。——译者注

③ 1970 年,美国联邦政府放开了对房利美收购按揭贷款的类别限制,允许其收购普通私人住房按揭贷款。同时,为了打破房利美对按揭贷款二级市场的垄断状况,联邦政府组建设立了另外一个与房利美直接竞争的 GSE——"联邦家庭贷款按揭公司"(Federal Home Loan Mortgage Corporation,"FHLMC"),即房地美。——译者注

④ 此处具体指联邦住房金融司(Federal Housing Finance Agency,"FHFA")。——译者注

1970年,美国联邦政府放开了对房利美收购抵押贷款的类别限制,允许其收购普通私人住房抵押贷款,这些抵押贷款是未经联邦住宅管理局、退伍军人事务部和美国农场主住宅管理局担保的。同时,它创建了联邦住房抵押贷款公司(FHLMC),也称为房地美(Freddie Mac)。与房利美(Fannie Mae)一样,房地美也是一个政府支持的企业,并与房利美有着相同的目的和结构,但其规模相对较小。这两个机构的竞争是为了构建一个更高效的二级抵押贷款市场,从而打破房利美对按揭贷款二级市场的垄断状况。房地美与房利美这两大机构作为美国住房贷款市场的支柱,将会继续运作并发挥它们的功效(见表1.1)。

表 1.1　美国住房贷款机构

联邦国民抵押贷款协会	房利美	1938 年成立
美国政府国民抵押贷款协会	吉利美	1968 年成立
联邦住房抵押贷款公司	房地美	1970 年成立

1968年,吉利美发行了首只抵押贷款证券。近3年后,1971年,房地美也发行了首只类似证券化产品,并取名为参与凭证(Participation Certificate,PC)。经过较长的10年,1981年,房利美终于发行了其第一只抵押贷款证券,并取了大家现在都熟悉的名字:抵押贷款支持证券(MBS)。这些最早期的房贷证券都采取了最简单的模式——过手型证券。这些过手型抵押贷款支持证券由个人抵押贷款组成。在扣除管理成本和费用(比如发行机构收取的担保费)之后,这些抵押贷款的本金和利息全部

过手支付给投资者。房利美、房地美以及吉利美发行的 MBS 都统称机构（agency）MBS。在过手型抵押贷款支持证券出现之前，抵押贷款产品通常是被整体出售的，而抵押贷款产品经证券化后则能以份额的形式出售给多个投资者。这种可切分的特性赋予了此产品以流动性。机构 MBS 另一吸引人之处是发行机构提供的信用担保。无论借款人偿还他们的抵押贷款与否，机构 MBS 都可以令投资者无风险地获取本金和利息。这些机构 MBS 大都有资格在标准化的 TBA（to-be-announced，待定）市场上进行交易。标准化的 TBA 证券就是机构 MBS 的期货。期货的引入进一步加强了房贷二级市场的流动性，进一步压缩了房贷的利率。这个过程所带来的好处同时也传递给了贷款机构，它们可以以更低的利率生产出更多的抵押贷款。

以上介绍的都是只经过一次证券化过程的证券化产品。1983 年，所罗门兄弟（Salomon Brothers）和第一波士顿帮助房地美发行了历史上第一只复杂的证券化产品，即担保抵押债券（CMO）。担保抵押债券是经历了两次证券化过程的债权证券化产品。为满足不同投资者的需求，担保抵押债券又进一步分成不同种类和期限的产品，包括一些衍生品，例如纯本金或者纯利息的证券。以下我们总结了各类抵押贷款支持证券（MBS）的第一次发行日期。

1.1968 年，吉利美发行了过手型抵押证券；

2.1971 年，房地美发行了过手型抵押证券，这只类 MBS 证券也称作参与凭证；

3.1981年，房利美发行了过手型抵押证券，即抵押贷款支持证券；

4.1983年，房地美发行了抵押担保债券。

1985年，资产证券化的新品种，即资产支持证券（ABS）正式发行。该新品种是基于抵押贷款以外的基础资产——例如房屋所有权贷款、汽车贷款、信用卡应收账款、学生贷款、滞留公用事业成本、建造住房贷款、设备租赁和贷款、飞机租赁、贸易应收款、经销商平面图贷款、版税等——的其他贷款组成的。以下是一些资产支持证券的第一次发行日期。除了学生贷款，大多数资产支持证券属于非机构证券。

1.1985年，发行了汽车贷款资产证券化产品；

2.1985年，发行了设备贷款资产证券化产品；

3.1987年，发行了信用卡贷款资产证券化产品；

4.1993年，发行了学生贷款资产证券化产品。

第二章

美国的证券化市场概况和现行状况

导读

美国的债券存量达到 GDP 的两倍多,在融资市场上具有重要地位。抵押贷款支持证券和资产支持证券作为债券市场必不可少的两种证券化产品,在经历了美国金融危机以后,市场结构更加合理,已经恢复了原有的规模,继续在债券市场及整个融资市场发挥其重要的作用。

一、美国债券市场

为了解美国的证券化市场规模,我们先看一下美国债券市场总存量。以 2013 年第三季度为例,美国债券存量为 39.34 万亿美元,而 2013 年美国的 GDP 仅为约 17 万亿美元。债券市场中,美国国债为 11.6 万亿美元,略多于整个债券市场 1/4 的规模;MBS 和公司债分别占债券市场大约 1/5 的份额。国债、公司债和 MBS 成为债券市场的主要产品,而市政债券、机构债券和 ABS 一共占据债券市场不到 1/4 的份额(见表 2.1)。

表 2.1　美国债券市场存量、发行量和每日交易量

单位：十亿美元

	国债	MBS	公司债	市政债券	货币市场债券	机构债券	ABS	合计
存量（Q3 2013）	11 590	8 537	9 562	3 686	2 713	2 049	1 206	39 343
发行量（2012）	2 309	2 055	1 360	379	N/A	677	199	6 979
每日交易量（2012）	531	295	5	11	18	2	10	3 323

数据来源：SIFNA

图 2.1 更加直观地反映了每一种债券占据债券市场的份额（2013 年第三季度数据）。

单位：十亿美元

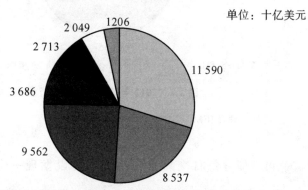

□国债 ■MBS ■公司债券 ■市政债券 ■货币债券 □政府债券 ▨ABS

图 2.1　美国债券存量（2013 年第三季度）

数据来源：SIFMA

债券发行量和债券存量对于研究债券市场同样重要。图 2.2 反映的是 2012 年美国的债券发行量。2012 年，债券市场新增发行总量是 6.9 万亿美元。其中，国债和 MBS 的发行总量相

近,均略多于 2 万亿美元,共同占据大约市场份额的 30%。即使在次贷危机后,MBS 仍然是市场上比较受欢迎的发行品种。公司债发行量达到 1.36 万亿美元,接近市场份额的 20%。其他的债券,像市政债券、机构债券和 ABS 只占债券新发行量非常小的份额。图 2.3 中可以显示出这些分布特征。

单位:十亿美元

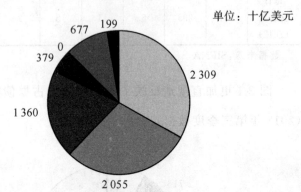

□国债 ■MBS □公司债券 ■市政债券 ■货币债券 ■政府债券 ■ABS

图 2.2　2012 年证券化产品发行量

数据来源:SIFMA

再看债券每日交易量(表 2.1),可以发现一个更有趣的现象。MBS 在市场中的交易活跃度堪比国债。这两种产品的交易量占据债券市场每日交易量的绝大部分份额,如图 2.3 所示。换句话说,国债的存量大约是国债 20 天的交易量,MBS 的存量大约是 MBS 30 天的交易量。期货带来了这两个债券板块的高流动性,其中,MBS 的期货是 TBA。别的债券种类由于没有标准化期货,因此交易量明显较低。

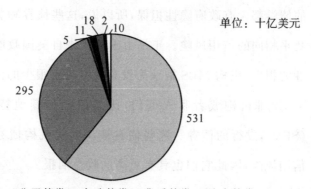

单位：十亿美元

18 2
11 10
5
295
531

☐国债 ▨MBS ▨公司债券 ▨市政债券 ▨货币债券 ▨政府债券 ☐ABS

图2.3 2012年证券化产品每日交易量

数据来源：SIFMA

二、美国抵押贷款支持证券市场

下面我们看一下美国抵押贷款支持证券市场的情况。我们前面提到，证券化产品可以按照它们基础资产类型分为抵押贷款支持证券和资产支持证券。此处我们进一步分类。首先，基于证券的发行主体，可以分为机构债券和非机构债券。

1.机构债券由政府或者政府支持企业发行。吉利美是一家政府机构，其发行的任何债券都具有与国债相同的信用风险评级（几乎没风险）。房利美和房地美是政府支持企业，他们发行的债券都含有政府隐性担保,所以说,这些债券和美国国债具有几乎相同的信用风险。正是由于这些来自美国政府的显性或隐性的担保,机构 MBS 被认为没有或者只有很少的信用风险。

2.非机构或者私人部门,比如信托和其他特殊目的载体(SPV),发行的债券。这些债券被认为比机构债券具有更高的信用风险,因此它们也具有更高的收益回报。

机构 MBS 可以根据产品结构分成两种:过手型和 CMO。由于过手型 MBS 是最简单也是最初始形式的 MBS,所以一般把过手型 MBS 也直接称为 MBS。MBS 通过信托发行,把基础资产池的现金流(收入)按(证券持有份额)比例分配给证券持有人。根据美国税收法,过手型债券的投资者和直接持有债券者承担同样的缴税比例。因此,信托公司不能改变资产池,也不能对收到的支付款进行再投资,还必须把抵押池的资产、本金和利息支付交付给债券持有人。

抵押担保债券(CMO)是最复杂的 MBS 产品,它对 MBS 和其他债券进行再打包,并将基础资产池中生成的本金和利息的现金流,再组合成不同类型和期限的证券。因此,CMO 可以定制化,从而满足不同类型投资者的需求。

非机构 MBS 按照基础抵押品可以分为:

(1)住房抵押支持证券(RMBS),即以住宅抵押贷款支持的 MBS。

(2)商业抵押支持证券(CMBS),即以商业地产抵押贷款支持的 MBS。

表 2.2 反映了 2007 年和 2012 年以上四种产品的发行量。

表 2.2 MBS 产品市场

单位:十亿美元

年份	机构债券		非机构债券		合计
	MBS	CMO	CMBS	RMBS	
2007 年	1 189	277	229	510	2 204
2012 年	1 731	285	35	4	2 055

数据来源:SIFMA

从 2007 年和 2012 年债券发行量来看,不管是金融危机之前还是之后,机构债券规模总是大于非机构债券规模。金融危机后,由于投资者偏好本金和利息更加安全和有担保的债券,非机构债券规模显著萎缩。在 2007、2008 年之前,MBS 的投资者对于投资非机构 MBS 感到很满意,因为即使没有保本承诺,MBS 仍然有着良好的投资回报业绩记录。但是在 2007 年的次贷危机中,很多投资者遭受损失,从表 2.2 的数据可以看到,投资者陆陆续续退出了非机构 MBS,转而投向保本的机构 MBS。在 2007 年次贷危机之前,机构债券发行量约占市场规模的 2/3,非机构债券占 1/3。金融危机后的 2012 年,非机构债券发行量规模甚至缩小到市场总量的 5%。随着非机构债券市场的萎缩,非机构 RMBS 也减少到一个非常小的规模。

三、美国资产支持证券市场

前面介绍了 MBS 市场,下面我们主要介绍美国的资产支持证券市场。ABS 的分类要简单得多。这些贷款主要是私人债务,根据基础资产类型可以分为:汽车贷款 ABS、信用卡 ABS、设备 ABS、学生贷款 ABS 等。债务抵押债券(CDO)最初始是从公司债务衍生出来的,现在已经涵盖从 MBS 到 ABS 所有种类的证券化产品。CDO 和 CMO 相似,都是最复杂的产品,是证券化产品的再证券化。在下面的统计数据中,"其他"包括了 CLO 和别的各种各样的产品,CLO(信贷资产支持证券)主要针对商业贷款。从表 2.3 来看,2012 年美国 ABS 的发行量比 2007 年下降了约 20%,其中信用卡 ABS 发行量的下降最为严重。这就反映了金融危机后,人们更倾向于储蓄而非消费,导致消费支出的萎缩。

表 2.3　美国资产支持证券发行量

单位:十亿美元

年份	汽车贷款	信用卡	设备	其他 CDO	学生贷款	其他	总计
2007 年	79	100	6	N/A	44	61	290
2012 年	90	40	19	45	26	20	241

数据来源:SIFMA

图 2.4 反映的是 2012 年美国 ABS 的发行量,可以看出来,发行量最大的是汽车贷款 ABS,其次是 CDO,再次是信用卡 ABS。

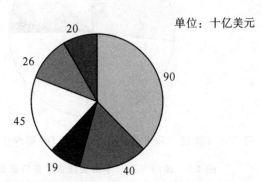

单位:十亿美元

☐ 汽车贷款 ■ 信用卡 ■ 设备 ☐ 其他CDO ■ 学生贷款 ■ 其他

图 2.4　2012 年美国资产支持证券发行量

数据来源:SIFMA

表 2.4 是 2013 年第三季度美国 ABS 存量数据。

表 2.4　2013 年第三季度美国资产支持证券存量

单位:十亿美元

汽车贷款	信用卡	设备	其他 CDO	学生贷款	其他	总计
158	123	23	578	231	93	1 206

数据来源:SIFMA

从图 2.5 中可以看出,2013 年第三季度 ABS 存量中,份额从大到小依次是:CDO、学生贷款 ABS、汽车贷款 ABS、信用卡 ABS。

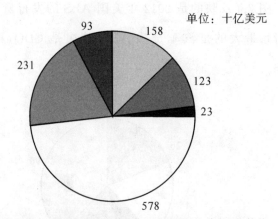

图 2.5　2013 年第三季度美国资产支持证券存量

数据来源：SIFMA

四、MBS 和 ABS 发行量的历史趋势

如上所述,债券市场有一只"看不见的手"推动其增长和下降。从过去 20 年证券化产品的发行量来看,在经济上行期,市场需求增加,证券化产品逐渐增长;在经济衰退期,市场需求减少,证券化产品也逐渐缩减。参照图 2.6 可以看到,在金融危机之前,机构和非机构 MBS 都快速增长;而且由于非机构 MBS 比

机构 MBS 提供更高的收益率,因此非机构 MBS 占据更大的增长份额。这个时期,房地产市场繁荣、经济增长,投资者追逐高回报,他们未察觉到也不去担心这些非机构 MBS 伴随的风险。而在 2007—2008 年金融危机来临以后,非机构 MBS 这样一个曾经占据巨大市场份额的产品,萎缩到在市场上几乎找不到它们的身影。由于非机构 MBS 没有本金担保,投资者遭受了巨大的投资损失。随后,投资者几乎全部逃离这个非机构 MBS 市场,与此同时,吉利美扩张发行 MBS,几乎增加到之前发行量的 4 倍,取代了之前非机构 MBS 的几乎所有发行量。

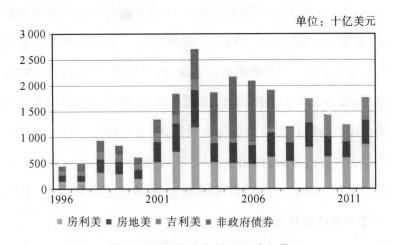

单位：十亿美元

■ 房利美　■ 房地美　■ 吉利美　■ 非政府债券

图 2.6　过去 20 年美国 MBS 发行量

数据来源：SIFMA

这个现象的背后是政府为确保低收入或者低信用家庭能够购买并持有住房所做的支持。在金融危机前,为个人提供贷款的机构,比如银行、小贷公司、储蓄和贷款社、租赁公司等,愿意吸纳低收入或者低信用家庭购买者作为客户,同时要求一个更高额的抵押利率来覆盖贷款风险。这些房贷被证券化打包成次级 MBS,卖给要求高收益回报的投资者。但金融危机后,投资者不再愿意持有这样高风险的债券了,私有借贷机构也就失去了为低收入或者低信用人群发行次级房贷的动力。为了保证这种类型的家庭购买人群仍然能够有渠道去借贷买房,吉利美大幅度提高了对这个房贷板块的支持力度。这就是为什么在私有放贷机构逃离次贷市场后,吉利美发行 MBS 去填补这个空白。

图 2.7 表示过去 20 年里美国 ABS 的发行量。金融危机以前,市场上的信用额度很容易获得,而且伴随着房地产市场的繁荣,家庭财富稳定增长,所以,ABS 的发行量也稳定增长。金融危机发生以后,信用额度显著下降,房产减值,房屋持有人财富减少,很多人失去工作,人们精简花费,随即减少了信用卡支付的使用。这种自然的消费反应被称作"去杠杆"。结果,随着消费者去杠杆的行为,信用卡 ABS 发行量在 2010 年达到最大幅度的降低。直到 2011 年,ABS 市场才开始逐渐恢复,并且在 2012 年保持持续增长的势头,如图 2.7 所示。

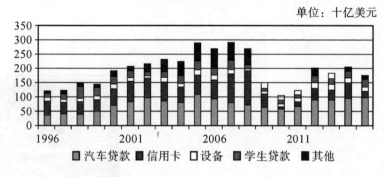

单位：十亿美元

■汽车贷款 ■信用卡 □设备 ■学生贷款 ■其他

图 2.7　过去 20 年美国 ABS 发行量

数据来源：SIFMA

从图 2.6 和 2.7 可以看出,2007—2009 年金融危机对 MBS 和 ABS 市场发行量都有很大的影响。在此之后,市场才得以重拾上升的趋势。这其中,必然存在某些经济动力因素去支撑 MBS 和 ABS 市场。我们将在后面一章中讨论这些经济动力因素。

第三章

资产证券化解析

导读

为充分了解资产证券化,比如什么资产适合证券
化,我们必须首先了解证券化背后的一些推动力量,这
些证券化的经济驱动因素是什么。另外,人们也很关
心资产证券化的一般性操作。

一、资产证券化的一般流程

在前面的章节中,我们已经讨论了资产证券化市场的历史和现状,并对一些专业术语有了基本的了解。本章我们将深入解析资产证券化。首先我们来看看一个典型的资产证券化过程。一般来说,资产证券化过程如图 3.1 所示:

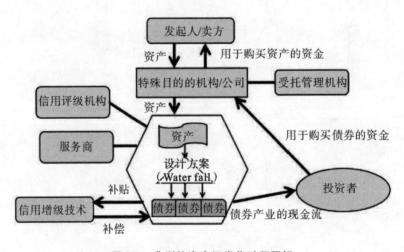

图 3.1 典型的资产证券化过程图解

发起人/卖方①通常是基础资产的出售方,如信用卡发行商、汽车贷款发行商等。这些发起人向特殊目的公司(SPV)出售抵押贷款、信用卡贷款、汽车贷款等一篮子资产组合。这一篮子资产组合出售给特殊目的公司后,原来的公司不再承担这些资产的金融风险。而 SPV 在法律形式上②通常属于有限责任公司,一般采取有限合伙、公司或信托等形式。一般来说,SPV 没有注册资本的要求,一般也没有固定的员工、办公场所或者独立的管理体系,SPV 的所有职能都预先安排给其他专业机构,资产按照特定的服务协议由专业机构托管和服务。

就会计目的而言,资产出售给 SPV 可以不出表(资产负债表),也可以出表。为了使其成为资产负债表表外项目,即出表,其出售必须符合第 140 号(FAS No.140)财务会计准则《金融资产的转让与服务以及债务解除的会计处理》中规定的会计准则。资产出售必须经过适当结构安排,将资产所有者的潜在风险和回报都真实转移给 SPV。无论是明确或隐性地包含了来自卖方的担保,资产出售只是转移资产但不转移风险,那么此债务仍然存在。这种情况下资产的出售可能无法满足将资产转移到资产负债表外的要求。

受托人(trustee)是 SPV 的管理者。尽管受托人是 SPV 的

---

① 发起人指的是出售资产用于证券化的人,既可以是资产的原始权益人,也可以是从原始权益人处购买应收账款汇集成一个资产池,并再次出售的人。——译者注

② 主要出于破产、税收、会计和证券法等方面的考虑。——译者注

一部分,但是他负有保护资产或者资产的所有者(一般是指投资者)的责任。

在证券化过程中,除了 SPV 管理受托人,还有另一个参与者称为资产服务商。服务商提供行政服务,比如债券的登记、费用的收取、资产的监测,以及向投资者分配利息和本金等。由于对服务商专业性的要求和发起人非常类似,都是要确保 SPV 能收回偿还的贷款,因此大多数情况下服务商往往由发起人担当。

在证券化过程中,SPV 整合卖方出售给它的资产,将这些贷款打包成债券的形式。为了使证券化产品更有可交易性,SPV 会请信用评级机构对这些证券产品进行信用评级。信用评级机构,如穆迪、标准普尔、惠誉国际评级(Fitch ratings)等利用对常规国库券和公司债一样的评级方法,对这些证券进行信用评级。为了吸引投资者购买这类证券,有时 SPV 会使用一些信用增级技术①。在第五章的信用卡证券化中,我们将介绍关于信用增级的更多细节,这是信用卡证券化一个典型的方法。

---

① 信用增级是资产证券化的一项重要技术,通过对 SPV 发行的证券提供额外信用支持来提高证券化资产的信用质量,增强发行定价和上市的能力,减少证券发行的整体风险。

二、资产证券化的经济驱动力

在第一章中我们已经提到过,在 2007—2009 年金融危机期间,MBS 和 ABS 的持有人遭受了巨大损失。然而,后危机时代,我们看到证券化市场再次呈现了上升的趋势。当美国以及世界上绝大多数国家的人们都在批判证券化产品是导致本次金融危机根源的时候,我们可以看到,证券化市场仍然给市场提供了充分的流动性,并且仍然是一个可行的投资选择,就像 2007年以前的市场一样。这个现象是正常的,因为证券化在金融市场有自己的经济驱动因素。为了充分了解资产证券化,比如什么资产会非常适合证券化,我们必须了解证券化背后的一些推动力量。本节我们将通过以下几个方面来讨论证券化的经济驱动因素:

1.政府/监管机构;

2.放贷机构;

3.投资者;

4.管理人/发起人。

(一)政府和监管机构的经济驱动力

政府/监管机构关心的更多是整体经济系统的健康状况,特别是金融系统。关于资产证券化,政府/监管机构可能会关注到以下优点:

1.风险转移可以尽可能地减少系统风险;

2.利用无流动性或者不可交易的资产创造有流动性和可交易性的资产;

3.加快货币的流通速度,减少货币供给;

4.更加优化的资源配置。

资产证券化过程中的基础资产最初通常为金融机构所拥有。如果所有这些资产都保存在银行账户上,那么金融机构将承担与这些资产相关的所有风险。通过证券化,金融机构将回报与风险同时转移给大量的分散投资者,从而降低金融机构自身的风险。因此,从这个意义上说,资产证券化有助于金融系统的稳定。

某些资产,如住房抵押贷款、汽车贷款等不太具备流动性和可交易性,其风险特征(如信用评级、资产投资期限、资产规模大小等)不太可能满足广大投资者的需求。通过资产证券化,发起人可以将基础资产的现金流分割成好几部分,每部分具有不同的收益和期限,以满足不同投资者的需求。换句话说,资产证券化过程可以创造出具有流动性和可交易的资产。金融资产流动性的提高无疑有助于增强金融系统的稳定性。

另外,证券化可以大大缩短银行持有贷款的时间,从而大大增强其贷款能力。通过为投资机构提供更多的资产,证券化还有助于减少闲置的资金。因此,资产证券化提高了货币的流通速度并减少了货币的供应量,从而使金融系统更具活力和稳定性。

最后,证券化通过更大的群体为基础资产提供了市场反馈。通过市场反馈,贷款机构可以更好地找到需要大量资金的借款人。通过市场化运作,金融体系的金融资源配置也将更加优化。

(二)贷款机构的经济驱动力

贷款机构通常关心的问题是能否获得更多的利润和自身是否具备持续经营的能力。这个自然的需求等价于廉价的资金来源,更多的可贷款额度,更小的风险,更好的资本配置等。贷款机构通常看到资产证券化的以下好处:

1.更低的资金成本;

2.多样化的资金来源[①];

---

① 购买资产支持证券的合格投资者包括:银行、证券公司、基金管理公司、保险公司、养老基金等。——译者注

3.更多的可贷款数量①和更宽松的监管资本要求；

4.更好的财务指标，如以出表的方式提高资产回报率（ROA）指标；

5.资产集中度的降低；

6.市场反馈：

(1)资产价格的发现；

(2)放贷的自律；

(3)资本的最优化。

企业融资结构除了股权类和债权类以外，对于贷款机构而言，资产证券化是另外一种资金来源。由于破产隔离，ABS的信用评级独立于贷款机构的信誉。对于一些主体信用评级较差的贷款机构，通过资产证券化可为其带来更为低成本的融资。

虽然资产证券化并不能提供最廉价的资金，但这确实是资金来源的一种方式。由于市场行情瞬息万变，一些资金渠道可能会由于某些原因被关闭。为了保证业务可以持续开展，对于贷款机构而言随时拥有一些可用的资金来源是至关重要的。而资产证券化作为一种资金来源是所有来源中最可靠的。

资产证券化可以在很大程度上增加贷款机构的贷款额度。假设住房抵押贷款的平均使用期限是5年，通过资产证券化，贷款机构只需要持有贷款不到一个月，便可以将贷款数额扩大至

---

① 资产支持证券一般期限为3～5年，在此期间的现金流可归总发行，故可贷款数量明显增加。——译者注

60 倍。也就是说,在不改变公司资本结构的前提下,证券化可以大幅增加贷款机构的收入和利润。因此,资本回报率(ROA)或股本回报率(ROE)等财务指标明显改善,这使得贷款机构在资本市场上更容易筹集到资金。

市场反馈对于贷款机构而言可能是最具吸引力的。没有资产证券化,诸如住房抵押贷款等资产很少用于交易。如果没有市场反馈,很难发现资产的市场价格。随着 ABS 和标的抵押品交易量的增加,贷款机构获得有关资产价值和风险的市场反馈。有了这些市场信息在手上,贷款机构能更加有纪律性地放贷,进而可以优化其资本投入,即投资到何种资产可以获得更高的市场认可度。

(三)投资者的经济驱动力

ABS 对投资者的吸引力来源于:

1.更高收益的资产;

2.定制化的产品。

AAA 级 ABS 相对于国债收益率曲线有更高的收益率。就汽车和信贷资产支持型证券而言,3 年的债券收益率上浮约 40

个基点。投资者也可以定制债券,满足他们的投资偏好。[①]

(四)发起人的经济驱动力

资产证券化为发起人提供了套利机会。套利机会来自这样一个事实,即投资者有着不同的风险偏好。投资者往往愿意以比正常价格略高的价格购买他们需要的债券。在实践中,发起人通常会将证券化产品进行分层(至少三层),这样可以将债券卖给三组(或三组以上)有明显不同风险偏好的投资者。发起人将目标瞄准以下三类投资者:银行、保险公司、对冲基金。银行通常购买预期寿命为3~5年的债券,而保险公司则购买后端债券。对冲基金通常购买杠杆层的 MBS,比如利率型 MBS(IO)、反向浮动型 MBS 等。发起人通过设计资产证券化产品以满足三种以上不同投资者的需求,从而挤出一部分利润作为回报。

---

① 实际上,投资者也可以根据自己的投资意愿、资金实力以及风险偏好量身定制不同种类、等级和收益的投资产品。

三、一般性的操作

本小节包含两个主题:团队角色和账户。

(一)团队角色

一个证券化团队通常扮演以下工作角色:

1.交易员:这是团队中关键角色之一。这个角色负责购买基础资产和交易 ABS 产品。交易员也可以兼任架构师,也和买方/卖方互动。

2.架构师:这是团队中另一个关键的角色。这个角色负责在 Intex、Yield Book 和 Bloomberg 中对交易结构进行建模,便于交易员和销售员更好地就拟交易的债券与投资者交流。架构师利用 ABS 市场行情和评级机构的模型对基础资产进行定价。架构师也可以通过优化交易结构实现利润最大化。

3.建模/分析师:建模师负责对基础资产行为的建模。基础模型主要用于分析高杠杆债券,比如劣后和衍生品等。

4.销售员:销售员主要负责促成基础资产和 ABS 债券的交易。[①]

(二)账户

资产证券化团队在交易过程中的账户问题一直没有一个标准的做法。有些团队把所有交易都记录在一个账户上,因此可能很难归因损益。我们建议创建三种类型的账户,如图 3.2 所示。我们相信,这样的设置有助于归因团队的损益,也就是区分出哪些损益来自基础资产的价格变动,哪些损益来自结构的设计,以及哪些损益来自 ABS 的交易。这样的损益归因有助于评估历史业绩,并对未来的交易具有指导意义。

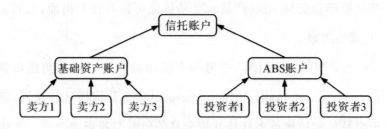

图 3.2　抵押品账户和 ABS 交易账户图解

基础资产账户记录基础资产的交易和持仓。交易员通常从外部购买基础资产,锁定交易时出售部分基础资产给信托账户。

①　四个角色的人员各有侧重,有时会有交叉。——译者注

如果完美对冲,那么这个账户应该损益均衡。但在现实中,账户的损益是波动的,一些来自方向性对赌,另外一些则来自无意识的不完全对冲。

信托账户从基础资产账户购买资产并出售 ABS 债券给 ABS 账户。这个账户的损益是完全对冲的,因此并不实行逐日盯市。ABS 债券收益应该完全覆盖信托费用和基础资产购买成本。

ABS 账户从信托账户购买 ABS 债券并出售给债券投资者。如果完全对冲,ABS 账户所得的利润就是因资产支持证券结构化设计而产生的套利。

四、证券化产品的挑战

所有事物都有两面性,资产证券化也不例外。这些复杂的产品有它们的好处,但也同时会带来不利影响。

从证券化过程中我们可以看到,抵押贷款支持证券和资产支持证券的基础资产涉及几百笔的贷款。每笔贷款都是由在当地的银行或金融机构的信贷员所发起的,信贷员从一线收集客户信息。对客户而言,为了获得贷款,他们会将自己最好的财务状况展现给信贷员。因为信贷员的薪资与贷款发放是挂钩的，他们与借款人有着相同的激励机制——他们也会在所收集的客户信息中选择财务状况最好的客户。这些当地银行或金融机构的管理部门是唯一负责核对贷款发放文件和贷款质量的部门。除此之外，所有的文件都是基于客户提供的这些原始贷款文件生成的。从个人贷款到 MBS 甚至 CMO 所涉及的几百笔的贷款、产品的信息表也都是基于原始的贷款信息。在这个冗长的过程中，有很多环节会导致信息的错误分类或错报。因此，如果信息质量审查不谨慎，那么将很容易产生抵押贷款骗局。

金融危机调查委员会（Financial Crisis Inquiry Commission）于 2011 年 1 月报道：

"……抵押贷款欺诈事例…… 这样的事例在借贷标准日益沦丧和监管松懈的环境中越发猖獗。有关可疑性交易报告的数字在 1996 年到 2005 年之间增长了 20 倍。而这一数字从 2005 年到 2009 年又翻了一番。这些可疑报告是相关存款银行及其附属机构所提出的控告，而这些控告是有抵押贷款诈骗可能的金融犯罪。一项研究揭示了由抵押贷款欺诈所造成的损失在 2005 年到 2007 年之间达到了 1 120 亿美元。"

国际货币基金组织 2008 年发布的《控制系统性风险和恢复金融稳健》全球金融稳定报告中，有一张题为"关于金融系统如何从次级抵押贷款中创建出 AAA 级资产的理论"图，我们引用如图 3.3 所示。

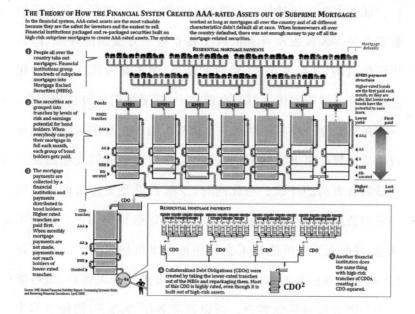

图 3.3 金融系统如何从次级抵押贷款中创建出 AAA 级资产

来源：http://en.wikipedia.org/wiki/File:CDO_-_FCIC_and_IMF_Diagram.png

我们可以看到最初的抵押贷款被分组到住宅房贷担保证券，然后重新打包成债务抵押债券（CDO）。即使 CDO 产品是由高风险次级抵押贷款组成的，这个 CDO 产品也能够被评为 AAA 级。再一次的重新打包和证券化形成了 AAA 级 CDO 平方证券（CDO-squared securities）。在这个复杂的过程中，有一个隐含的假设，即抵押贷款的违约率将不会改变。如果抵押贷款违约率略有增加，那么产品集中在高风险层，即债务抵押债券，这种情况下，CDO 平方证券将受严重影响。

证券化产品比其他产品要复杂得多——它们有成百上千的披露文件。大多数投资者依赖于独立第三方提供的评级，即信用评级机构，如标准普尔、穆迪和惠誉，而不是阅读这些证券化产品本身的披露文件。但是在现实中，对于信用评级机构而言，一直保持独立性和客观性是一个挑战。由于更高的评级可以导致产品销售带来更高的利润，发起人总是希望他们发起的证券产品拥有更高的评级。与此同时，发起人需要支付给评级机构一定的费用用以评级。如果发起人对该评级机构的评级结果不满意，发起人下次可能就不会使用该评级机构来为产品进行评级；对于评级机构而言，它可能不仅仅失去一个大客户，也可能失去与之关联的其他客户。所以在业务压力之下，相较于不支付评级费用的公司的产品评级结果，信用评级机构为那些支付评级费用的公司的产品出具更高的评级结果。

"三家信用评级机构是金融危机的重要推手。如果没有信用评级机构的评级报告，抵押贷款相关证券是不能被发行和销售的，而这些抵押贷款相关证券被认为是金融危机的核心因素。投资者经常盲目地依赖评级机构给予的评级报告。不过在某些情况下，投资者确实有必要去使用它们的评级结果，并且监管资本标准也与评级结果直接相关。…… 导致穆迪公司衰退的原因，其中包括：存在缺陷的计算机模型，为评级付费的金融公司所施加的压力，对市场份额的不断追求，尽管可以得到高额的利润但却缺乏完成此任务需要的资源，有效公众监督的缺失。"

除了原始文件和信用评级能否真实反映实际情况的挑战外,保持 SPV 合法地、完全地独立于资产出售方也是一个挑战。重要的是,SPV 不能从属于发起人。如果 SPV 被发起人拥有或控制,无论是发起人为贷款担保,还是其为贷款提供隐性担保,SPV 都不可能在监管、会计和破产等方面保持独立形式,从而导致证券化失败。因此许多 SPV 是一个空壳公司,其股份由慈善机构的信托所拥有,专职董事由管理公司担任,以确保和发起人独立。

第四章

深入了解抵押贷款支持证券

导读

经历了 40 余年的发展历程,抵押贷款支持证券(MBS)已经从房地美最初发行的参与凭证逐渐演变成一个产品种类繁多、结构多样的衍生品门类。不同种类的 MBS 产品具有完全不同的风险敞口,适合各类投资者的实际需求和风险偏好。投资者在认购 MBS 产品前需要就发行主体、分层结构以及风险敞口等问题开展审慎翔实的研究。

一、MBS 的分类

提起 MBS,人们通常指的是住房抵押支持证券(英文简称 RMBS),这主要是由于 RMBS 的发行量占整个 MBS 市场的 90％左右。RMBS 市场可以分为政府机构发行(agency sector)和非政府机构发行(non-agency sector)两类。

(一)机构 MBS

机构 MBS 是由政府支持企业或政府机构发行的,其中包括:

1.房利美:正式名称为联邦国民抵押贷款协会(FNMA),成立于 1938 年,为地方性银行发放住房抵押贷款提供联邦资金,旨在提高房屋所有权比率和经济适用房的供给水平。1981 年，房利美发行了第一单过手型抵押支持证券，并把它称为抵押贷款支持证券（MBS）。

2.房地美：正式名称为联邦住房抵押贷款公司（FHLMC），创建于 1970 年，是房利美的竞争对手。正是在 1971 年，房地美发行了第一单 MBS，其名为参与凭证（participation certificate，简称 PC）。

3.吉利美：正式名称为政府国民抵押贷款协会，在 1968 年从房利美剥离。吉利美原本只为 FHA/VA 抵押贷款在专项经济适用房计划中发行的债券提供保险。吉利美抵押贷款的借款人大多具有较低的信用评分。

时至今天，吉利美发行的 MBS 是由美国政府"完全的信心和信用"担保支持的唯一的 MBS。在吉利美被剥离出来之前，房利美也拥有美国政府的"明确担保"。目前，政府支持企业发行的 MBS"不再由美国或任何美国政府机构进行担保，也不是其债务"，但人们仍然广泛相信，政府支持企业发行的 MBS 具有联邦政府的某种隐性背书。因此，机构 MBS 被认为没有信用风险。

政府支持企业只购买和担保符合条件的贷款，即符合政府支持企业承保标准的住房按揭贷款。其中最知名的指导原则是关于最大贷款规模的，2016 年美国大陆单一家庭不动产的最大贷款规模一般设置为 417 000 美元，在高消费地区可提升到

721 050美元。其他指导原则包括信贷资质、首付金额、债务收入比、支付记录、相关证明材料等。

(二)非机构 MBS

非政府机构或私有性质的 MBS 是由非政府支持企业通过特殊目的实体,如信托或房地产抵押贷款投资渠道(REMIC)发起的。此类 MBS 的基础资产通常是不符合(GSE)承保要求的按揭贷款。根据其违背的 GSE 相关准则,非机构 MBS 可分为以下三个子类:

1.优质巨型(prime jumbo):基础资产具有较高的信用评分,住房按揭贷款的各项证明材料齐全,但规模超过规定。此类贷款在非机构 MBS 中质量最高。

2.次优(alt-A):基础资产具有较高的信用评分,但住房按揭贷款的证明材料不符合要求。借款人通常是市场投机者,当市场走坏时可能会不履行还款义务。

3.次级(subprime):此类按揭贷款的信用评分通常不符合GSE 要求。贷款用途通常是利用再融资抽出资金,使得借款人在还不是百万富翁时过上百万富翁的生活。

二、风险分析

在分析 MBS 债券时,有两个方面必须加以考虑。一方面是基础资产的风险特征,另一方面是 MBS 债券的交易结构。基础资产的风险特征是至关重要的,因为债券的现金流最终来自基础资产。交易结构也是一个关键,因为相关结构会把基础资产的现金流和风险重新分配到各个债券之中。因此,在本节中,我们将首先讨论相关基础资产的风险,然后再简要论述那些重新分配风险的交易结构。

(一)分析基础抵押品

MBS 债券的基础资产是住房抵押贷款,其面临的风险点包括:

1.利率风险;

2.早偿风险；

3.信用风险；

4.基差风险；

5.流动性风险。

与任何其他债券一样，抵押贷款也面临利率风险。一般来说，抵押贷款的价值与利率的波动方向相反。抵押贷款价值对于利率波动的敏感性用"久期"来衡量，而久期与贷款的预期期限高度相关。贷款的预期期限取决于提前还款和分期还款速度。抵押贷款的分期偿还速度完全依赖于贷款结构，如到期日、票面利率、本金偿还日程等。早偿速度的驱动因素将在下面关于早偿风险的段落中进行论述。

美国的抵押贷款内嵌看涨期权。当利率下降时，借款人可选择提前偿还抵押贷款，提前还贷再融资的速度在不同的市场条件下差异很大。当利率走势上升时，大多数抵押贷款的早偿速度可低至 5CPR，即年化 5％的速度。而当利率急剧下降时，早偿速度可以飙升到 80CPR。

有很多因素可以影响到抵押贷款的早偿速度，我们在这里列举几项：

1.利率变动：利率降幅越大，早偿速度越高。

2.贷款结构：贷款规模越大，早偿速度对于利率波动的敏感度越高。贷款期限越短，早偿速度越高。贷款票面利率越高，早偿速度越高。

3.借款人的个人资料:信用评分越高,早偿速度对于利率波动的敏感度越高。

4.经济环境:GDP 增长速度越高,早偿速度越高;房价指数涨幅越高,早偿速度和套现再融资比率也会越高;失业率越高,早偿速度越低。

信用风险取决于借款人按时偿还抵押贷款的能力和意愿。在美国,由于大多数抵押贷款是没有追索权的,所以抵押贷款同样含有嵌入的看跌期权。换句话说,当房地产的价值小于抵押贷款时,借款人可以选择终止还款。可能影响抵押贷款的信用风险的一些因素如下:

1.贷款结构:贷款规模越大,越可能违约;到期时间越长,越可能违约;贷款票面利息越高,越可能违约;浮动利率贷款比固定利率贷款的信用风险更高。

2.借款人的个人资料:信用评分越高,在正常情况下违约的风险越低;但在市场崩溃时的违约风险较高。

3.经济环境:GDP 增长速度越高,违约风险越小;房价指数涨幅越高,违约风险越低;失业率越高,违约风险越高。

基差是债券价值或利率与比较基准之间的差值。基差的变动常常是由于市场风险价格的变动而导致的,因此可能和基本面没有任何关系。

流动性风险是指在合理的时间范围内无法以合理的价格卖出债券。当市场呈现单边运动时流动性风险可能会出现。

(二)MBS 结构分析

MBS 的交易结构会把基础资产的现金流和与之相关的风险分配到各类债券之中。人们发展出了多种分档技术将信用风险和早偿风险进行分割。为了理解 MBS 结构的风险分析,我们将展示两个关于此类分档技术的范例,其一是信用风险分档,另一个是早偿风险分档。在本章稍后部分,当我们论述 CMO 产品时会探讨一系列在 CMO 产品中运用的多种分档技术。

1.信用风险分档

一个简单的信用风险分档结构是通常的优先/劣后的形式,如图 4.1 所示。在图中,一共分割出四层,最上面的是最高级而最下面的是最低级。在这种结构中,低级持有人在所有高于本级份额的持有人收到足额款项前不能收到任何本金现金流。当出现信用损失时,在所有的低级份额持有者被完全清空前,高级份额持有者不会蒙受损失。

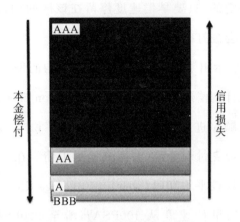

图 4.1 高级/次级结构示意图

MBS 债券信用分析的一个重要方面是测算本金的预期损失。在测算时,我们必须把基础资产的预期损失及其概率分布放入计算公式中。基础资产损失的不确定性来自系统性因素和个性因素。对于给定的基础资产预期损失,低级债券偏好基础资产损失的不确定性,而高级债券则相反。根据同样的理由,低级债券偏好集中度高的基础资产而高级债券偏好分散度高的基础资产。

2.早偿风险分档

最流行的一个早偿风险分档结构是 PAC/支持型组合。在这个结构中,人们为 PAC 债券制定了一个本金偿付日程表,只要情形容许,就应该遵循这一日程表进行。因此,PAC 债券获得早偿风险的保护,而支持型债券吸收了早偿不确定性带来的冲击。在实践中,PAC 的支付日程表通常是由两个早偿速度构成的区间决定的,只要早偿速度停留在该区间内,PAC 的支付日程表就不会被打破。

图 4.2 展示出了一个 PAC/支持型结构的例子。在这个例子中,PAC(计划偿还类,planned amortization classes)债券又按照时间先后顺序进一步切分为"前端 PAC"和"后端 PAC"。左图显示了本金支付现金流,右图则显示了债券在三个假定的早偿速度下的加权平均期限(weighted average life,简称 WAL)。右图显示,当早偿速度从 100PSA[①] 增至 200PSA 时,"前端 PAC"和"后端 PAC"的期限几乎没有改变,当早偿速度从 200PSA 提升至 300PSA 时,两类 PAC 的平均期限也只有小幅变动。而支持型的加权平均期限则随着早偿速度的浮动而剧烈变化。

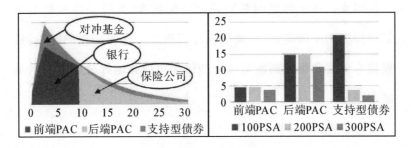

图 4.2　本金支付现金流(左)及加权平均期限(右)

MBS 被设计成不同的结构以满足各类投资者的需求。在

---

① PSA,全称 Public Security Association,是房贷早偿速度的单位。100PSA 或者 100%PSA 的意思是第一个月 0.2%CPR(年化早偿率)的早偿速度,第 30 个月及以后 6%的 CPR。第 1 个月和 30 个月之间,早偿速度线性增长。

本例中,前端 PAC 债券通常适合于银行,后端 PAC 债券适合于保险公司,而支持型债券适合于对冲基金。

三、各类 MBS 产品

(一)机构过手型证券(agency pass-through)

机构过手型 MBS 是指由政府支持企业发起的证券,其基础资产为一篮子符合 GSE 承保标准的住房抵押贷款。机构过手型证券的利率,即传递给投资者的票面利率,是由借款人支付的票面利率扣除所有费用后的剩余部分,费用包括担保费、抵押贷款服务费等。在实践中,机构过手型证券的利率以 0.5 个百分点为基数变动,也就是说,其数值为 3.0%、3.5%、4.0% 等。担保费用由 GSE 根据房贷质量进行定价。抵押贷款服务费是房贷的剩余利息,各笔贷款不尽相同。机构过手型 MBS 的证券化过程如图 4.3 所示。

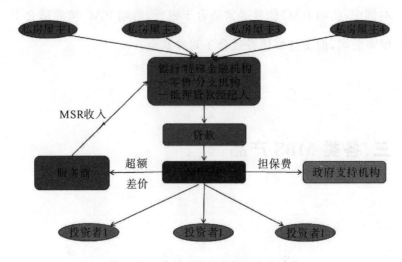

图 4.3　机构过手型证券的证券化过程

机构过手型 MBS 是 MBS 中形式最简单的一类,但却在为抵押贷款行业提供流动性中扮演着主要角色。为了提供更多的流动性,政府支持企业发明了 MBS 期货,亦称为 TBA。实际的 MBS 池是现金债券,习惯性地被称为指定池。

为了进一步研究机构过手型产品,我们将就下面几个问题进行详细讨论:

1.主要参与者

在机构过手型 MBS 证券化的过程中,贷款人、服务商和政府支持机构是三类主要的参与者。

贷款人通常是银行和专业金融服务公司,他们在抵押贷款的发起阶段与借款人沟通协商。在抵押贷款业务中,几乎所有的贷款人都以轻资本的模式运营,并通过资产证券化的方式为放贷业务提供融资。小型贷款人通常采用 GSE 的现金窗口,换句话说,卖出符合 GSE 标准的贷款而变现。大型贷款人,比如规模较大的商业银行,具有健全的风险管理能力和强大的证券营销能力,通常用换取 MBS 债券的方式向 GSE 出售贷款。大多数机构过手型 MBS 由大型抵押贷款的发起人经销,部分则通过 GSE 的现金窗口卖出。在一般情况下,从现金窗口卖出的 MBS 要便宜得多。

　　GSE 是机构过手型 MBS 证券化的发起人和管理人,他们通过向抵押贷款的放贷者收取担保费来覆盖信用风险和管理成本。其中,担保费中的主要部分用来保护抵押贷款池中的信用风险损失,小部分费用用以覆盖内部的服务支出,包括:

　　(1)管理证券化的抵押贷款池;

　　(2)向投资者卖出 MBS;

　　(3)向投资者和 SEC(美国证券交易委员会)报告;

　　(4)在公开市场持有、卖出 MBS,以及一般管理费用。

　　抵押贷款服务机构提供与抵押贷款或 MBS 相关的服务。服务商和放贷者之间的合同协议称为抵押服务权利(英文简称 MSR)。常见的权利包括每月收取还款,预留税和代管保险费,将利息与本金转给抵押贷款的资金借出方。服务商通过以上的服务收取特定的费用。这些费用可能按照未偿还余额或剩余息差的固定比例收取。MSR 具有可交易的金融价值以及早偿的风险敞口。

2.TBA

TBA 产品是为了便于抵押贷款支持证券的远期交易而创立的。TBA 市场是在这样一个假设下运行的,即抵押贷款池具有可替代性。TBA 这个术语来源于这样一个事实:为完成 TBA 交易而交付的实际 MBS 池没有在 TBA 交易时指定。从本质上讲,TBA 产品是 MBS 的期货,而指定池是 MBS 的现货。TBA 市场是最具流动性的,因此是抵押贷款最重要的二级市场。在 2015 年时,TBA 每天的交易量大约为 1800 亿美元。

描述 TBA 产品的关键要素是发行人、期限、利率和结算日期。例如,房利美 30 年期限的 MBS,票息 4.5%,结算日为 2015 年 3 月。发行人是三大 GSE 之一。期限是 30 年或 15 年。利率是已定发行人和期限的最为活跃的交易品种之一的票面利息。结算日分为三种:下一个结算日,下两个以及下三个结算日。因此,对于每一个发行人/期限/利率组合,我们最多有三个 TBA 交易品种。

TBA 交易的关键日期包括交易日、通知日和结算日。TBA 交易的结算过程是由美国证券业与金融市场协会(英文简称 SIFMA)建立的。在任一月份,每种类型的 MBS TBA 都有特定的交易结算日。交易双方都必须在下午 3∶00(美国东部时间)前,在清算日前 48 小时交换债券池的信息。与其他期货产品类似,大部分 TBA 交易不通过实际池子的交割进行清算。持仓要么滚动下个清算月,要么干脆平仓。

3.指定池

　　指定池即机构过手型 MBS 中的现货,是由接近相同的期限
和票面利率的抵押贷款组成的。每个池子的美国统一证券辨认
委员会(CUSIP)管理的证券代码和政府机构与池的编号组合都
可以作为该证券的唯一标识。虽然大多数资产池可以作为
TBA 的现货交割,但它们的成交价格通常与 TBA 的价格是有差
异的。指定池子与其相应的 TBA 之间的价格差异就是基价差。

　　出于经济效益上的考虑,发行人依据相似的特性("故事")
来创建池子,例如,贷款余额故事(见表 4.1)、LTV(loan to val-
ue,房贷余额与房价的商)故事、GEO(geography,地理)故事等。
对于那些可能会出现溢价的池子,投资者喜欢有早偿保护,期望
较低的早偿速度。贷款的余额较小,或者 LTV 较高,早偿速度
便会慢很多。

表 4.1　指定池的贷款余额故事

| 小型贷款余额:＜＄85 000 |
| 中型贷款余额:＄85 000～＄110 000 |
| 大型贷款余额:＄110 000～＄150 000 |
| 特大型贷款余额:＄150 000～＄175 000 |

(二)机构 CMO

　　住房抵押贷款支持证券主要从两方面创造价值:(1)增加流

动性;(2)使产品可以满足更多投资者群体的需求。机构过手型证券增加了抵押贷款的流动性。而 CMO 类的证券则提供了丰富多样的 MBS 债券。CMO 产品的种类之所以如此丰富,主要得益于两类分档技术:按早偿分档和按票息率分档:早偿分档包含早偿风险的再分配,而票息率分档则不涉及之。

在我们开始探讨一长串的 CMO 产品门类之前,让我们先看一个典型的 CMO 结构案例,如图 4.4 所示。在这一结构中,基础资产的现金流通过早偿分档被切割为 PAC 和支持型两类。此外,PAC 档又通过票息分档切割成了一个折价券 PA 和一个溢价券。进一步采用利率分档,溢价券可以分成一个浮动型债 PF 和一个反向浮动纯利率券 IIO(inverse interest-only,英文简写 IIO)。最终,这个结构创建出了四个可交易的债券:"PA""PF""IIO"和"PC"。这种结构可满足三类投资者的需求:"PA"适合大银行,"PF"适合小银行,"IIO"和"PC"适合对冲基金。

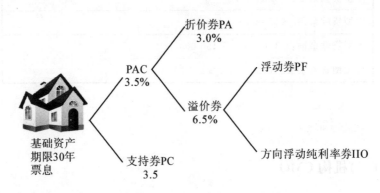

图 4.4　一个典型的 CMO 结构

现在,让我们来介绍品类繁多的CMO产品。在CMO结构中,我们称一种债券为一个类。

1.顺序支付(sequential pay,简称SEQ)类

顺序支付类是CMO结构中最基本,也是最流行的类别。在这一类中,本金按照时间先后顺序支付。在所有前端债券完全清偿之前,顺序支持类的持有者不能从相关基础资产上获得本金偿付。如图4.5所示,"中端"类在"前端"类完全清偿之后才开始获取本金偿付,而"后端类"在"前端"类和"中端"类均完全清偿后才开始获取本金现金流。

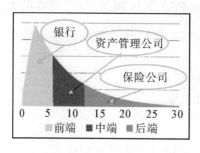 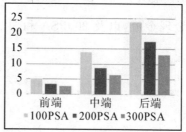

图4.5　顺序支付类示例:本金现金流(左)及加权平均期限(右)

顺序支付结构不提供任何提前还款的保护。当提前还款变快时,所有三个顺序支付类的期限都变短了,正如图4.5中的加权平均期限所示。反之,所有三个类别的期限都将延伸。一个CMO类的加权平均期限变动可能会影响到债券的到期收益率。加权平均期限的收缩会提高折价债券的到期收益率,相反,加权平均期限的延展会提升溢价债券的到期收益率。

加权平均期限的这些特性设计可以满足不同投资者的需求。银行选择前端的现金流,资产管理公司选择中端档,而保险公司倾向于选择后端档,如图 4.5 所示。

2.计划偿还类(panned amortization classes,简称 PAC)

PAC 债券是否能够按照计划收取本金,取决于由两个早偿速度构成的区间[也称为环(collar)]。只要实际的早偿率处在指定的区间内,PAC 类的加权平均期限就将保持相对稳定。这一档的 PAC 债券在一定程度上享有针对早偿风险的保护。它的支持档(也称为伴侣档)接收到的则是剩余的本金现金流。图 4.6 显示了一个以 200PSA 到 300PSA 为区间的 PAC 债券的本金现金流,以及 200PSA 和 300PSA 支持债券相应的本金现金流。

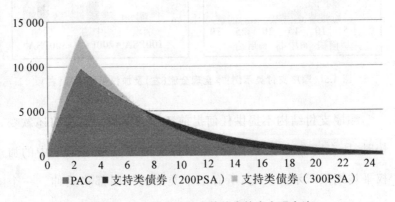

图 4.6　PAC 债券及其支持债券的本金现金流

对于早偿风险(其中包含期限缩短风险和期限延长风险)的保护程度,受到早偿率保护环(等价于支持债券的规模大小)以

及早偿速度的限制。如果早偿速度太慢（低于 PAC 环的下沿），
PAC 档的持续时间会延长；如果早偿速度太快（高于 PAC 环的
上沿），PAC 档的持续时间会缩短。持续的高速早偿率会导致
PAC 剩余的支持档被完全清零。在这种情况下，PAC 被称为
"破损"或"坏了"。图 4.7 显示，当早偿率达到 350PSA 时，PAC
债券在大约 40 个月后"破损"了。

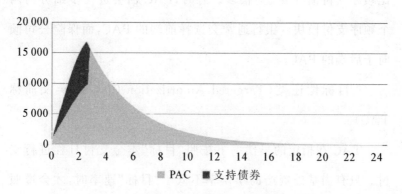

图 4.7　破损 PAC 及其支持债券的本金现金流

　　我们同样测试了示例中的 PAC 债券及其支持层在不同早
偿率下的加权平均期限（WAL），如表 4.2 所示。当早偿速度处
在 200PSA 到 300PSA 之间时，PAC 的加权平均期限保持在 6.2
年，但支持层的加权平均期限从 200PSA 时的 16.3 年变化为
300PSA 时的 2.7 年。当早偿率在 150PSA 时，处于 PAC 环的
下沿 200PSA 之下，PAC 债券的加权平均期限延伸到 7.1 年。
当早偿率在 350PSA 时，处于 PAC 环的上沿 300PSA 之上，PAC
债的加权平均期限缩短到 5.6 年。

表 4.2　PAC 债券及其支持档在不同早偿速度下的加权平均期限

速率	150PSA	200PSA	250PSA	300PSA	350PSA	400PSA
PAC	7.1	6.2	6.2	6.2	5.6	5.0
支持档	21.2	16.3	8.5	2.7	2.0	1.6
基础资产	9.2	7.6	6.5	5.7	5.1	4.6

由于 PAC 在早偿风险上受到保护,它们的收益率定价可能比顺序支付债券要紧[①]很多。有时,PAC 档会进一步细分为两个顺序支付模块。银行通常会选择前端的 PAC,而保险公司倾向于后端的 PAC。

3.目标偿还类(Targeted Amortization Classes,英文简称 TAC)

TAC 在指定的早偿率下按照"目标"本金支付日程进行支付。只有当基础资产的早偿率不低于"目标"速率时,才会遵照既定的日程支付本金。换言之,TAC 债券在期限收缩时会受到保护。当早偿加速,过剩的本金现金流将支付给 TAC 的支持档。如果早偿放缓,TAC 债券的平均持续时间会延长,因为基础资产没有足够的现金流按照 TAC 债券的支付日程进行支付。

TAC 债券很可能出现在PAC-TAC-支持档结构的CMO 产品中。TAC 档的作用是吸收部分偏离 PAC 档的本金现金流,而支持档则吸收偏离 PAC 档和 TAC 档的本金现金流。TAC 档的变动方式取决于整个 PAC-TAC-支持档结构中的具体构成。

---

① "紧"指的是与标准利率(一般是国债利率)差距小,利率低。

TAC 的收益率定价要高于 PAC,因为和 PAC 相比,TAC 的现金流具有更高的不确定性,并承受更高的延期风险。TAC 档的收益率定价可能会低于顺序支付档,因为 TAC 相比顺序支付类来说有更稳定的现金流。

4.精确期限类(Very Accurately Defined Maturity,英文简称 VADM)

VADM 债券是另一种为保护延期风险而设计的结构。VADM 债券的本金现金流是根据资产的分期还款额和支持类 Z 债券的应计利息计算出来的。因此,即使基础资产没有出现任何早偿的情况,VADM 债券仍然可以按支付日程进行支付。实际上,在任何情况下 VADM 债券都不会延期。由于 Z 债券现金流的基本特性,VADM 债券受到某些程度的针对期限收缩的保护——因为当早偿率上升时,支持型 Z 债券的应计利息不一定会拿来支付 VADM 债券的本金。

VADM 债券的收益率在各类 CMO 中可能是最紧的。其投资者大多数是银行。

5.伴侣类或支持类(英文缩写 SUP)

PAC、TAC 和其他有支付日程安排类债券从支持类债券那里获得针对早偿风险的保护。支持类被设计成用来吸收早偿率的波动性。因此,支持类的现金流表现是最不稳定的,甚至比基础资产的现金流更不稳定。正如我们从表 4.2 看到的,支持类的加权平均期限的波动性要远远大于基础资产。

对于支持类来说,加权平均期限和到期收益的预判可能随着时间大幅波动。支持类的收益率定价高于其他更稳健的类别以补偿投资者承担的风险。支持类是高度杠杆化的产品,受到对冲基金的青睐。

6.Z 债券类

当 Z 债券的利息现金流需要去偿付其他债券的本金时,Z 债券是收不到任何现金流的。未付的利息计入 Z 债券的本金余额,以后各期的利息都需要基于增长后的本金余额进行计算。一旦之前的债券清偿了,Z 债券便成了一个像顺序支付类型那样的利息正常支付本金正常摊还的债券。

在 MBS 的发行中,Z 债券常常是最后一个常规类,并且拥有较长的平均期限。Z 债券用于支持 PAC、VADM 等债券。当 Z 债券用以支持 PAC 时,它便被称为支持类 Z 债券。

7.非加速高级类(Non-Accelerating Senior,英文简写 NAS)

NAS 债券旨在为投资人的未来开支提供资金,比如还清在几年内到期的一笔债务。NAS 债券通常有几年的锁定时间,因此需要受到针对早偿导致的波动性和负凸性的保护。在锁定期结束之后,早偿的风险会按照特定的递减公式分配到 NAS 类。NAS 债券也可能包含加大早偿率分配的功能,因此在延期风险上受到一定的保护。在交易结构中,NAS 通常与短期顺序支付债券、Z 债券等同时出现。

8.非加速高级顺序类（NASquential Classes，英文简写NASQ）

NASQ债券结合了标准的NAS（非加速高级类）债券和顺序类（SEQ类）的结构。与顺序结构相似，NASQ也按时间顺序进行分档，但是每档都有一个类NAS的相应的锁定日。和NAS不同的是，NASQ在锁定日之后没有权益变动机制。如此产生的NASQ债券提供了比普通的顺序支付类更强的稳定性，而比PAC更高的收益率。与支持类相似的现金流特性和顺序结构结合后的品种有时被称为RUSQ（Relatively Unstable Sequentials，相对不稳定顺序），其与NASQ呈现相反的特征。

9.溢价固定利率类（Premium Fixed Rate Classes）

如果人们需要具有更高票息的固定利率CMO类，那我们可以设计出一个折价固定利率类或纯本金债券（Principle Only，英文简称PO）加上一个溢价固定利率类。预期早偿率会下降的投资者比较青睐溢价固定利率类。

10.折价固定利率类（Discount Fixed Rate Classes）

折价固定利率类可以和溢价固定利率类或纯利息类（Interest Only，英文简称IO）成对设计出来。预期早偿率会上升的投资者比较青睐折价固定利率档。

11.纯利息类

IO类可以和折价固定利率类或PO类成对设计出来。IO类的买家常常是对冲基金。

12.纯本金类

PO 类可以和溢价固定利率类或 IO 类成对设计出来。预期早偿率上升的投资者偏好 PO 类。

13.浮动类(Floater)

CMO 浮动债券的利息带着息差与给定的基准利率(常常是1 月 LIBOR)一起浮动(同步移动)。浮动债常与反向浮动债或反向纯利率债(IIO)同时创建出来。人们经常会为浮动债的利息引入封顶利率(Cap),并为其相应的反向浮动债或反向浮动纯利率债引入保底利率(Floor)。在设计浮动类/反向浮动类配对债券,或浮动类/反向浮动纯利息类配对债券的票息的息差、封顶值、保底值时,要确保每对债券的利息现金流总计与基础资产的利息现金流完全匹配。

CMO 浮动债是一项相对安全的投资,且具有比较有吸引力的息差。在行业中,CMO 浮动债被归为衍生品,因此,投资CMO 浮动债的融资成本要远远大于投资固定利率 CMO 的成本。因此,CMO 浮动债仅对于低风险偏好的投资者,比如小型银行,有相当的吸引力。

14.反向浮动类(Inverse)

CMO 反向浮动债的利息加上息差与给定基准利率(通常是1 个月 LIBOR)反向浮动。由于基准利率是正数,息差实质上就是反向浮动利息的封顶值。反向浮动债的利息也指定一个保底值。反向浮动债是和浮动债一起创设出来的。反向浮动债和与之成对的浮动债的利率现金流的总计和基础资产的利率现金流是完全匹配的。

反向浮动类是高倍杠杆率产品,同时承受早偿风险和利率风险。反向浮动类的投资者大多是对冲基金。

15.反向纯利息类(IIO)

和反向浮动类一样,IIO 类的利息也是加上息差与给定基准利率(通常是 1 个月 LIBOR)反向波动。和反向浮动债一样,IIO 的利息也有指定的封顶值和保底值。IIO 类一般是与浮动债同时被创设出来。IIO 类和与之配对的浮动类的利率现金流总计和基础资产的利率现金流是完全匹配的。基础资产是合成的溢价固定利率债,其利息等于浮动债的封顶值。

IIO 类是高倍杠杆率产品,同时承受早偿风险和利率风险。IIO 的投资者大多是对冲基金。

16.其他类别

其他类包括 TTIB(两层指数债券)、数字 TTIB /超级浮动债和山形债券,以上类别暂不在本书中讨论。

(三)机构 MBS 的合成衍生品

1.Markit MBX、IOS 和 PO

在 2010 年,Markit 公司推出了一款机构抵押贷款指数系列,也就是一套合成的总收益互换,其参照标的是房利美在 2009 年发行的 30 年期固定利率抵押贷款池的利息现金流。该指数包含以下三项细分指数,其票息利率分别是 4.0%,4.5% 和 5.0%:

(1)IOS.FN30.400.09

(2)IOS.FN30.450.09

(3)IOS.FN30.500.09

在 2011 年,Markit 公司宣布对机构抵押贷款指数系列进行扩展。在扩展之后,机构抵押贷款指数包括 Markit MBX、Markit IOS 和 Markit PO 三个系列。该指数系列的命名方式表明,Markit MBX、Markit IOS 和 Markit PO 参考的分别是抵押贷款池的总现金流、利息现金流和本金现金流。在 2010 系列中,我们有以下几个分项指数:

表 4.3　2010 系列分项指数

Markit MBX	Markit IOS	Markit PO
MBX.FN30.350.10	IOS.FN30.350.10	PO.FN30.350.10
MBX.FN30.400.10	IOS.FN30.400.10	PO.FN30.400.10
MBX.FN30.450.10	IOS.FN30.450.10	PO.FN30.450.10
MBX.FN30.500.10	IOS.FN30.500.10	PO.FN30.500.10

每个指数的参照池都是公开且静态的。每天都会公布公允价格。Markit 公司还公布 LIBOR、公允价格以及本金系数等要素,以便逐月清算时计算各项支付额。

MBS 指数交易按月结算。在重置日,也是期终日的前一天,Markit 公布 LIBOR、公允价格以及本金系数以便计算逐月支付额。结算日为期终日起的 T+3 日。在结算日,多空双方交换现金。要计算需要交换的现金额度,首要任务是确定起始日。起始日是上期结束日或交易日,按照孰晚原则取。交换的现金包括利息(不适用于 PO 指数)、融资成本和价格差。利息是从开始日(不含)到期终日累积的票息。融资成本按照上期终止日时的有效 LIBOR 计算。价格差等于按月清算日的有效价格减去起始日的有效价格。清算过程的图解说明如图 4.8 所示:

图 4.8　Markit MBX、IOS 和 PO 指数的逐月结算法

2.信用转让合成票据

2012 年,美国联邦住房金融局(FHFA)启动了一项关于发展信用风险转让事宜的战略计划,其主旨在于降低房利美和房地美的整体风险。2013 年 7 月,房地美开始销售结构化的债券,被称为结构化机构信用风险(STACR)。几个月后,房利美紧随其后开发出康涅狄格大道证券(Connecticut Avenue Securities,CAS)。在两年左右的时间里,这两家政府支持企业在开发此类结构性票据市场方面取得了实质性的进展。表 4.4 显示了 2015 年 7 月 14 日的统计数据,正如我们看到的,STACR 和 CAS 占据了信用转让交易的 90% 以上:

表 4.4　GSE 信用转让交易额统计

单位:十亿美元

年份	企业	所有交易类别	STACR 与 CAS	其余类别
2013 年	房利美	31.2	25	6.2
	房地美	44.8	41.9	2.9
	两家 GSE 之和	75.9	66.9	9.1
2014 年	房利美	218.8	209.6	9.2
	房地美	126.1	105.6	20.5
	两家 GSE 之和	344.8	315.2	29.7
2015 年	房利美	144.8	136.3	8.5
	房地美	101.9	88.1	13.8
	两家 GSE 之和	246.7	224.5	22.3

数据源:FHFA2015 年 7 月 14 日

　　STACR 和 CAS 吸引了形形色色的机构投资者,包括资产管理公司、对冲基金、保险公司和再保险公司、银行、主权基金、房地产投资信托基金(REITs)和贷款机构。在 2015 年年中,有超过 150 名投资者参加了 STACR 和 CAS 项目。图 4.9 显示了不同类型的投资者持有的 STACR 和 CAS 份额占比。

　　STACR 和 CAS 的交易结构非常相似,如图 4.10 所示。该交易的基础资产是政府支持企业指定的住房抵押贷款的参照池,各分档层的价格走向都与参照池中的抵押贷款的早偿和信用表现相关联。现金流虚拟地分配给各个分档类别。总共创建了四类:A 类、M1 类、M2 类和 B 类。A 类、B 类和部分 M1 类、M2 类由 GSE 持有,并重新分别标记为 A-H 类、B-H 类、M1-H

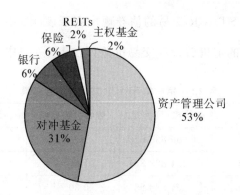

图 4.9　STACR 与 CAS 的投资者以及持有权重

数据来源：FHFA

类和 M2-H 类。剩余的大多数 M1 类和 M2 类向公众发售。请

记住，这些证券是 GSE 的一般性负债。

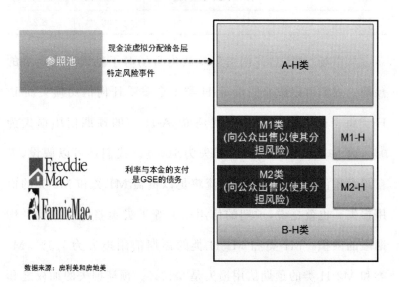

数据来源：房利美和房地美

图 4.10　STACR 与 CAS 交易结构

第一笔 STACR 交易的债券规模列于表 4.5 中。M1 和 M2 类在发行时的定价假设和交易价差列在表 4.6 之中。

表 4.5　第一笔 STACR 交易的债券规模

参照层级	初始规模（美元）	初始次级比例	规模占比
A-H	21 906 830 673	3.00％	97.00％
M1 和 M1-H	304 888 881	1.65％	1.35％
M2 和 M2-H	304 888 881	0.30％	1.35％
B-H	67 753 085	0	0.30％

表 4.6　第一笔 STACR 交易的定价假设和交易差价

债券	杠杆比率	价差（bps）	利率封顶值	规模（百万美元）	加权平均期限
M1	1	340	无	250	2.2
M2	1	715	无	250	8.2

从市场行情中，我们可以检测出市场对于基础资产走势的预期。人们可以放心假设 A-H 类不会蒙受任何信用损失而 B-H 类将会被完全清除。也就是说，A-H 类的预期信用损失为 0％，而 B-H 类的预期信用损失为 100％。我们还可以假设，来自买卖差价的额外利息现金流将足以覆盖 M1 类和 M2 类的信用损失。也就是说，预期的信用损失等于买卖差价和加权平均期限的乘积。M1 类和 M1-H 类的预期信用损失为 7.5％，M2 类和 M2-H 类的预期信用损失是 58.6％。预期损失的加权之和是 97％×0.0％＋1.35％×7.5％＋1.35％×58.6％＋0.30％×100％＝1.2％。

让我们更深层次讨论这个问题。我们假设如果按面值交易,参照池的加权平均期限是 7 年,抵押品的久期为 5 年左右。市场隐含的基础资产信用损失应当等于担保费用,大约为 1.2%/7,即 17 个基点。而在 2013 年 7 月时的担保费率约为 47 个基点,大约高出了 30 个基点。换言之,整个贷款比政府机构抵押贷款池要便宜 30bps×5 年,相当于 1.5%左右。

(四)非机构产品

非机构 MBS 产品的形成通常经历三个步骤。第一步是将基础现金流切分为优先级、夹层和次级。优先级是 AAA 评级的,可以按照和机构 CMO 完全相同的办法进一步分档。从理论上讲,机构 MBS 市场里的所有 CMO 产品同样可以在非机构 MBS 市场中找到。除此之外,我们还可以有一些信用敏感度产品,如夹层和次级债券。

我们同样有两个主要的合成衍生物:ABX.HE 和 PrimeX,属于现收现付型的信用互换。各个细分指数都有两部分现金流:(1)保费,由指数的卖方按月支付给买方;(2)当信用损失发生时,指数的买方支付给卖方的补偿金。所有现金流的总计折现价值可以是正数、零或负数。如果总现金流的折现价值是零,则指数的理论价格便为 100。指数价格与 100 之间的差值便是所有现金流理论上的折现价值。如果市场价格高于100,比如说105,指数买方在初始时支付给卖方＄5。如果市场价格低于100,比如说95,则指数的卖方在初始时支付给买方＄5。图4.11演示了具体的现金交换方式。

图4.11　ABX.HE 或 PrimeX 的现金交换

(五)MBS的投资者

当设计 MBS 的交易结构时,最根本的问题之一就是如何将MBS 债券出售给最终投资者。架构师,即产品设计师,必须对投资者对于期限、风险敞口等的偏好有清醒的认识。图4.12 显示了 MBS 的不同投资者以及他们对产品的偏好。

让我们在这里梳理一下 MBS 的各类投资者:

1.银行:银行有久期较短的负债,因此更愿意投资久期较短的产品,以便于与他们的负债相匹配。他们最喜欢的 MBS 产品有前端顺序支付和前端 PAC 债券。而规模较小的银行,没有太多的利率风险经验,对浮动型债有更大的兴趣。

2.保险公司或养老基金:这类投资者喜欢中期和长期的债券。

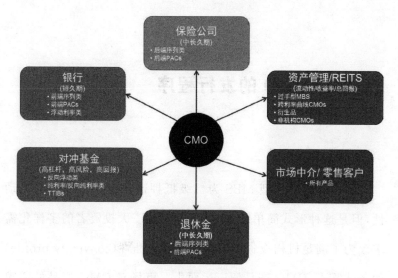

图 4.12 MBS 产品及投资者

他们最喜欢的产品是后端顺序支付档和后端现金流的 PAC。

3.资产管理公司或房地产投资信托基金：这些投资者喜欢追逐流动性资产，或者收益，或者总回报。他们倾向于投资过手型 MBS、跨收益率曲线的 CMO、衍生工具及非机构 CMO。

4.对冲基金：对冲基金投资于高杠杆产品，寻找高回报，承担高风险。他们投资反向浮动债券、IO、反向 IO、TTIB 等。

5.市场中介或零售客户：他们分销各种类型的 MBS 产品。

四、机构 CMO 的发行程序

尽管机构过手型 MBS 为二级抵押市场带来了巨大的流动性,但是这种形式简单的 MBS 不能满足广大投资者的多样化需求。为了满足机构投资者对于到期日和凸性(convexity profile)的各式需求,CMO 产品便应运而生。市场对 CMO 产品的需求也为经纪交易商创造了套利机会。CMO 产品的设计与销售都是在其交易柜台(trading desk)上完成。

在这一小节里,我们将会深入探讨发行的过程,展现实践中的一些具体细节。我们将探讨在发行的整个生命周期中的以下细节:

1.理论交易结构(structures)的创设与销售;

2.交易结构的成立;

3.交易结构的最终版确定日;

4.交易结构的结算。

(一)理论交易结构的创设与销售

在每月月初,CMO 交易员们开始创立和销售在当月末尾结算的交易结构。因为银行几乎不会购买不在当月之内结算的产品,所以交易结构很少在结算月的 1 号之前确定交易。

根据基础资产的可获取的程度和上月成立的交易结构,CMO 交易员们挑选一些理论结构进行跟踪。这些结构通常会在诸如 IntexDealMaker 等工具中以结构化文件的形式表现出来。每天早上,CMO 交易商根据市场涨跌来更新基础资产和理论结构的分档(tranche)的价位,从而分析潜在理论结构的套利盈亏。套利回报高于正 4 个点的结构将会被列入向投资者推销的候选名单上。

为了与潜在投资者沟通,CMO 交易员们可以利用彭博的 STRU 或者 Yieldbook 的 TrancheSpeak 对 CMO 结构进行建模。投资者可以通过彭博运行这些虚拟结构的现金流以及利率表,就如它们已经成立那样。很多投资者对于他们所购买的债券都有 OAS[1] 目标,而 Yieldbook 是机构 CMO 的行业标准

---

[1] OAS 是 option adjusted spread 的缩写,翻译为期权调整后的溢差。结构化的产品,比如 ABS,一般都有隐含的期权价值(embedded option),所以 OAS 才更有意义。投资者对某些 ABS 产品有最低 OAS 的要求,这个 OAS 的要求就是他的 OAS 目标,OAS 在多少基点之上他才会购买。

OAS 引擎。将一个理论交易结构放在 Yieldbook 引擎上,投资者可以对该交易结构的每一个分档进行 OAS 分析,也可以分析 Yieldbook 模型预测的基础资产的早偿速度。

在对理论交易结构进行市场推广之前,CMO 交易员必须做出两个决定:(1)先卖哪个债券(分档);(2)交易结构的适当规模是多大。

首先卖出的债券被称为交易结构驱动器(deal driver)、领头债券(lead bond)或者关键债券(key bond)。这个债券被成功地销售出去后,交易结构就成立了。可以通过以下三种方法确定领头债券:

1.交易结构中占比最大的部分:常见于序列结构(sequential structures),其中会有一个债券(通常是前段序列)相比于其他债券在交易中占有更大的比例。

2.风险最高的债券:在 PAC-支持结构中,支持债券几乎不可能被对冲。因此,CMO 柜台(CMO desk)不应该保留这样的债券,而是应该在交易结构成立之前就销售出去。

3.流动性最低的债券:深奥无比的交易结构,可能很难从普通 CMO 投资群中找到买家。

在确定交易结构的适当规模时,要从多方面考虑交易结构一旦成立就必须建仓的债券。这些方面最终可以被分解为以下三大类:

1.对冲能力:如果持有的债券越容易被对冲,那么在交易风险不剧烈上升的前提下可以更多地持有这种债券,相应的交易结构规模也可以更大。

　　2.销售能力:如果债券的面值小于 1 000 万,那么它们将很难被销售出去。因此,某些交易结构必须设定最低规模。

　　3.限制问题:这里考虑的主要是持有时间和风险额度的限制,CMO 交易员对此必须心中有数。如果债券不能在公司指定的持有时限内销售则会被强制清仓,从而造成预期之外的损失。当部门风险敞口达到上限时,CMO 交易员或许无法在未来数个月之内创立新的交易结构。

(二)交易结构的成立

　　领头债券一旦成功销售,交易结构也就成立了。除了领头债券的销售外,其他一些交易也在同时进行:把基础资产销售给信托账户;从信托账户中购买该交易结构的所有剩余债券并对此建立头寸。这里一共涉及四个交易账户,其中三个由 CMO 交易员持有,一个由终端客户(end client)持有:分别是基础资产账户、信托账户、MBS 账户和终端客户账户。信托账户面向政府支持企业的 MBS 发行部门,相关交易经过适当安排以确保信托账户内有足够的钱支付信托账户内所有交易结构的成本支出。

为了清楚说明,我们以 PAC 结构为例。在这个例子中,我们设立了三档:PA、PB 和 C(见图 4.13)。在交易中,领头债券是 C 档。当 C 档被卖出后,交易结构也就成立了。由于此时交易结构还是虚拟的[①],所以我们姑且在彭博系统上把它称为"STRU YL-1234",其中"YL"表示我们公司在彭博中的识别码,而 1234 是唯一的临时交易结构名称。基础资产是房利美期限 30 年利率 3.5% 的房贷池,目前我并未持有这个房贷池,暂且将它记为一个带标注的 TBA。

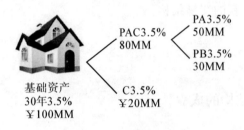

基础资产
30年3.5%
¥100MM

PAC3.5%
80MM

PA3.5%
50MM

PB3.5%
30MM

C3.5%
¥20MM

图 4.13　CMO 交易示例

交易簿记如图 4.14 所示。当领头债券被销售出去,终端客户账户将会买入而交易商的 MBS 存量账户将会卖出 20MM 美元的 STRU YL-1234 C。伴随着各个分档卸载交易[②],MBS 账户首先买入 STRU YL-1234 C 回补空头,然后买入建立 STRU YL-1234 PA 和 STRU YL-1234 PB 的持仓。最后基础资产账户将 100MM 美元的资产出售给信托账户。

---

① 还未备案和正式取名——译者注
② 将交易结构中各个分档债券从信托账户卸载到 MBS 账户——译者注

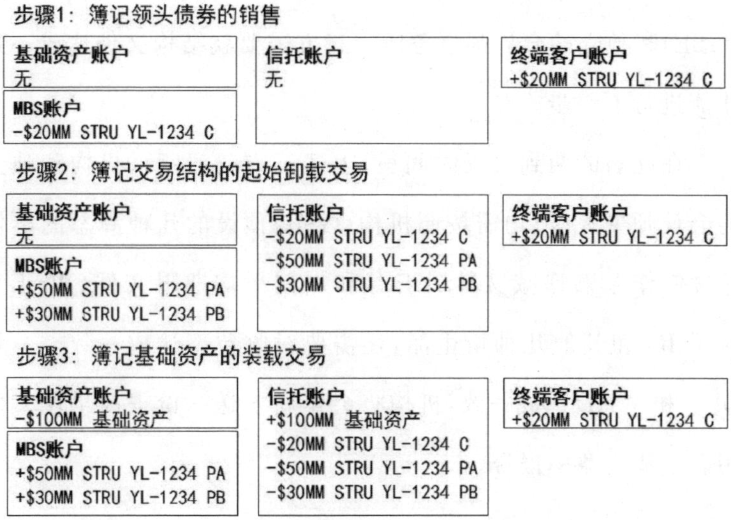

步骤1：簿记领头债券的销售

基础资产账户	信托账户	终端客户账户
无	无	+$20MM STRU YL-1234 C
MBS账户		
-$20MM STRU YL-1234 C		

步骤2：簿记交易结构的起始卸载交易

基础资产账户	信托账户	终端客户账户
无	-$20MM STRU YL-1234 C	+$20MM STRU YL-1234 C
MBS账户	-$50MM STRU YL-1234 PA	
+$50MM STRU YL-1234 PA	-$30MM STRU YL-1234 PB	
+$30MM STRU YL-1234 PB		

步骤3：簿记基础资产的装载交易

基础资产账户	信托账户	终端客户账户
-$100MM 基础资产	+$100MM 基础资产	+$20MM STRU YL-1234 C
MBS账户	-$20MM STRU YL-1234 C	
+$50MM STRU YL-1234 PA	-$50MM STRU YL-1234 PA	
+$30MM STRU YL-1234 PB	-$30MM STRU YL-1234 PB	

图 4.14　交易结构成立的台账

(三)交易结构的最终版确定日

交易结构的最终版确定日是交易员就所有的已经成立并将在当月月底结算的交易向政府支持企业申报的日子,申报内容包括每个交易的具体结构和规模。相应的日期通常是在每个月12—14号之间。交易商也许会有一到两天的弹性时间以便加大规模或增加交易结构(additions of groups)。规模较大的交易商更有可能享有这种弹性。

在交易结构的最终版确定日的当天,每个交易商都需要用

Excel 制作结构文件,并将文件分发到与交易商交易的机构 (GSE)和独立的会计师事务所。三方需要就结构文件达成一致 才能进行下一步。

在此后的两到三天时间里,上述三方(交易商、机构和独立 的会计师事务所)均需按照机构(GSE)预设的几种静态的早偿 速度制作余额递减文件(DEC)和加权平均期限文件(WAL)。 对于 IO 和其他几种衍生品,还需要对收益率达成一致。一旦 DEC 和 WAL 达成一致,机构将会重新发送一份提前早偿文件 用以生成收益率报告。

(四)交易结构的结算

交易结构的结算步骤如下:

1.基础资产公告:在结算日的三天之前,交易商公告支持交 易的最终基础资产。机构(GSE)会向交易商发出一份文件供其 填写每个房贷池的规定信息。

2.结算用的 DEC 和 WAL 报告:基础资产一经公告,将会根 据真实的基础资产再次生成 DEC 和 WAL 报告。

3.基础资产交割:在结算日的前两天,交易商向机构交割基 础资产。在从交割到结算期间基础资产依然属于交易商,这时 交易商会获得一张信托凭证来证明交易商对基础资产依然享有所有权,该凭证还可以代替真实的基础资产用于融资。

4.分档卸载公告:如果交易包含可交换的选择项,那么交易商需要公告。在下文,我们将会进一步介绍卸载债券时可交换的选择项的细节。

5.完成结算:所有 REMIC 分档都通过美联储电信线路进行结算,残余或 NERD(非经济残余债券)将会用实体的方式结算。

为了更进一步了解 CMO 的结构和发行程序,我们需要过一遍可交换选择项的一些细节。可交换选择项可以把一种或多种 CMO 转换为其他债券。转换债券的本金和利息必须与被转换债券的本金和利息完全匹配。获准的交易商可以请求发行机构进行转换,对发行机构支付转换费,以及向机构交付需要转换的债券并拿到他们想要的债券。以下是最常见的四种可转换选择项类型:

1.票息剥离型:这是最常见的可交换选择类型,通常会在序列债券和 PAC 中出现。票息剥离会增加或减少债券的利息。为了降低债券的利息,交易商可把债券交付给发行机构并收到更低利息的债券和纯息型债券。为了增加债券的利息,交易商可把债券和纯息型债券交付给机构并收到利息更高的债券。

2.再组合型:一种吸引某一类客户群的基础债券可能分档拆成一系列吸引其他多种类型客户群的债券。交易商可以创设一种再组合选项,通过选择权可以把这一系列债券重新组合为基础债券。

3.时间分档型:这种选择权常见于序列产品或 PAC。例如,一份基础债券可以分割为前端债券和后端债券。这种选择权可以把前端债券和后端债券重新组合为基础债券,反之亦然。这类选择权可以满足多种有各自不同 WAL 偏好的客户群的需求。

4.交易执行选择型:这类选择权的设立是为了提高交易执行效率,常见于衍生品和后端分档产品。在有些情况下某种类型的债券可能比另一类型的债券更容易执行交易。

第五章

ABS 和信用卡 ABS 的进一步探讨

导读

信用卡 ABS 普遍存在期限错配的现象,该产品在实际操作上具有一定的独特性。针对信用卡 ABS 基础资产的特点,产品设计必须层次分明,具有完备的现金流结构。不仅如此,为有效降低信用卡 ABS 的风险,经常需要提供内部与外部增信措施、设置提前摊还触发条件,以及风险发生时的偿付顺序。

一、ABS 和信用卡 ABS 市场

资产支持证券产品中的基础资产多种多样，比如汽车贷款、信用卡债权、购买/租赁设备贷款、学生贷款等等。从 2007 年美国 ABS 发行量来看（见表 2.3），信用卡 ABS 比汽车贷款 ABS 占有市场份额更多，更受投资者的欢迎。金融危机后，出现了典型的消费者去杠杆行为——精简花费、增加储蓄，这种行为导致信用卡 ABS 发行量从 2007 年的 1 000 亿美元降低到 2012 年的 400 亿美元。随着信用卡 ABS 发行量降低，汽车贷款 ABS 便成为美国资产支持证券产品市场上份额最大的一类产品。信用卡应收账款期限较短，但 ABS 产品的期限相对较长，因而信用卡 ABS 产品与基础资产之间存在着期限错配的特点。由于信用卡 ABS 实际操作上的独特性，本书就这个产品类型单独用一个章节讨论。

从 1987 年首次提出信用卡 ABS 至今,它的操作方法和结构设计经历了显著的变化和改进。目前,信用卡 ABS 已经成为在美国循环无担保类消费信用的主要融资工具。2007 年金融危机后,由于消费者群体整体消费量萎缩,以及消费者的去杠杆行为,信用卡 ABS 发行量骤降。信用卡债务的坏账率在危机前几乎保持恒定,但在危机发生时,一度跃升至 10%。最主要的原因是房产持有者的财富显著缩水,甚至很多房屋价值已经跌破其抵押贷款余额;不仅如此,美国失业率在 2009 年 10 月上升至 10.2%,达到 26 年来最高水平。2010 年后,不良资产和坏账率开始稳定下来,而且低于经济衰退前的水平(见图 5.1)。这表明,这次经济衰退期让人们改变了生活方式——精简花费、增加储蓄,以增强个人经济实力来抵御将来可能会出现的更多经济问题。

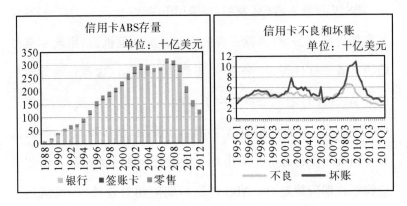

图 5.1　信用卡 ABS 市场占有率、不良和坏账

数据来源:SIFMA

二、信用卡 ABS 市场参与者

信用卡 ABS 的市场参与者如下：

1.卖方：信用卡发行机构，比如大型金融机构或者其他拥有发卡行代码的机构；

2.贷款服务机构：按照 PSA（Pooling and Servicing Agreement，资产池和服务管理合同）管理受托的基础资产，从而收取相应的管理费；

3.信托：QSPE（Qualified Special Purpose Entity，合格特殊目的实体）；

4.投资者：银行、保险/养老基金，其他需要可预测稳定现金流入的投资管理人；

5.投资银行家：他们的职责包括获得最有效的融资，为潜在投资者的投资决策提供足够的信息；

6.第三方担保：提供现金担保账户、信用证、履约保证；

7.会计师事务所：产品市场发行前出具审计报告书；

8.评级机构：为发行的产品进行评级，依据因素有：

（1）应收账款的质量

(2)承销的标准

(3)现金归集方式和发放过程

(4)增信方式和水平

9.承销人:(主承销商和承销团)一个银行的辛迪加组织,负责设计产品结构,以及寻找投资者。

三、信用卡 ABS 的操作过程

图 5.2 是一个非常典型的信用卡 ABS 交易结构图。信用卡 ABS 中,只有信用卡的应收账款被出售,而非信用卡账户本身。信用卡的发行人不仅拥有信用卡账户,并且能够按照自己的需求改变信用卡条款。

主信托是信用卡 ABS 所特有的,它的成立是为了让每个支付周期新的应收账款可以加入到信托中来。消费者使用信用卡的行为是连续的,每个月都有新的应收账款生成;主信托每个月都会用新收到的旧应收账款的本金回流去购买新的应收账款。主信托刚刚建立时,必须放入充足的应收账款资产,以支持后续应收账款的购买。主信托也要设立卖方(发起机构)权益账户来吸收应收账款资产的波动(比如不足时的购买补充)。如果初始

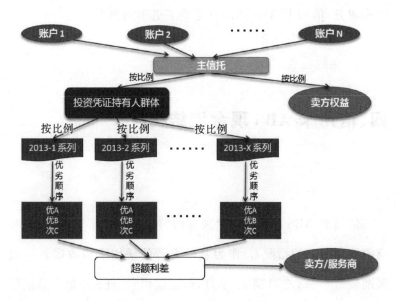

图 5.2　信用卡 ABS 交易结构图

的应收账款和卖方(发起机构)权益都无法完成新的应收账款的收购,那么主信托发起人必须向主信托补充新的资金。

所有的 ABS 系列都是由主信托里唯一的应收账款资产池支撑的,而每个系列在主信托里的应收账款资产池中的权益是不可分割的。主信托收到的现金流依照服务协议分配给所有的 ABS 系列。卖方权益和所有的信用卡 ABS 系列对主信托里的基础资产享有同等的优先权。卖方权益的规模由评级公司评定。卖方权益是为了平衡本金的波动,也是为了确保在非现金原因造成的余额减少(比如客户退货、信用卡被盗用等)情形下依旧有足够的应收账款支撑所有的 ABS 债券。但坏账是在卖方权益和各 ABS 系列之间按比例切分的。在金融危机期间,坏账率飙升,信用卡 ABS 产品也蒙受了更多的损失。

四、信用卡 ABS 现金流结构

信用卡 ABS 有另外一个独有的特征——期限错配(证券和应收账款期限的错配)。作为基础资产的信用卡应收账款一般账期较短——3 个月到 12 个月,但是信用卡 ABS 一般产品期限是 3 年、5 年、10 年。为了解决这种期限错配问题,依靠主信托发行的 ABS 系列被结构化设计成循环期和控制摊还期的组合,或者循环期和控制积累期相结合。

循环期是设计信用卡 ABS 交易结构的时候就事先确定的,在循环期内,主信托的贷款服务机构汇集信用卡持有人每月的本金、利息和费用的支付,并且将它们分置在两个独立账户中,一个用来存放本金,一个用来存放利息和费用。本金账户用来购买新的应收账款,利息和费用账户用来支付信托的费用和 ABS 产品的利息。

循环期之后,就到了控制摊还期或者控制积累期。在控制摊还期,收集的本金被用来支付信用卡 ABS 的本金;在控制积累期,收集的本金用来交给特殊目的公司的信托账户,进行短期的投资。产品到期日,投资者将一次性收到全部本金,就是所谓的"期末整付"。

图 5.3 显示了主信托的现金流分配情况。每一只 ABS 系列依照优劣顺序被分档成三个级别——优 A、优 B 和次 C。利息和费用账户首先用来满足支付优 A 的票息,接下来是优 B 的票息,最后是次 C 的票息。在满足票息支付后,账户中的余额首先用来支付服务费,接下来,如果优 A 当期发生了信用损失,将被用于补充这部分的损失,然后是优 B 的当期信用损失,等等。如果仍然有余额存在,将被用于其他所有系列的共享。除了如上所有分配以外的余额将拨入发起机构的权益账户。

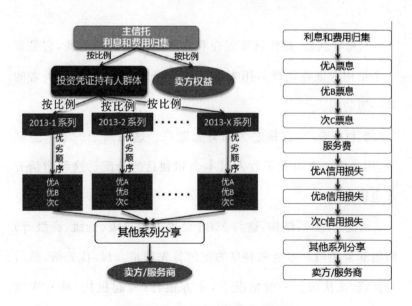

图 5.3　主信托利息和费用现金流

五、信用卡 ABS 的增信

增信是提高信用卡 ABS 产品信用等级非常普遍的做法。

(一)内部增信方式

1.超额利差:是能够放置在利差账户中的多余的钱,它是每一个信用卡证券化产品用来避免债券当期亏损、保护投资者的第一道防线。

2.利差账户:也称之为储备金账户。这相当于一笔应急基金,用来保证支出大于收入时本金和利息的分配。这种增信方式也很常见。

3.优先/劣后结构:这与 MBS 设置不同等级(低级、高级等)结构非常相似。本金和利息的支付首先满足高级/优先级,然后是低级/次优级。一般情况下,卖方银行(发起机构)持有次级(作为安全垫)。

4.超额抵押:即基础资产池的本金要大于发行证券的本金

总额。超额抵押是债券评级机构用来给产品提高评级的常用方式。

(二)外部增信方式

1.第三方信用证(LOC)：银行或者其他金融机构为 ABS 提供有限的偿付担保,作为风险补偿,也要向被担保方收取一定比例的担保费用。

2.现金抵押账户(CCA)：一个隔离的信托账户,ABS 系列成立时就已经存入现金。现金抵押账户里的资金会在超额利差降为负数时用来填补利息、本金和服务费。因为该账户存放的是流动现金,有助于将 CCA 账户提供者的评级与 ABS 的信用评级隔离开来(也可以说隔离了风险)。现金抵押账户属于第三方贷款,因此超额利息/费用被用作支付贷款的本金和利息。

3.抵押投资账户(CIA)：与 CCA 相似,但账户里起初存的是购买的基础资产的部分权益。分配给 CIA 的现金流可用来偿还贷款的本金和利息。

4.担保债券：一般都是 AAA 级保险公司的担保,可以对投资 ABS 的任何损失进行补偿。

六、信用卡 ABS 的提前摊还

当信用卡 ABS 发生以下一种或多种提前摊还触发情形时，该证券化就失败了：

1.在任何一个月，前面三个月的平均超额利差低于要求水平。举个例子，连续三个月超额利差都低于零。

2.主信托下发行的任何一个 ABS 系列、任何一个 ABS 债券发生违约或者提前摊还的触发事件。

(1)没能在约定时间按要求存储到指定账户或支付给投资者；

(2)违规授权；

(3)由于未能履约，对证券持有人造成相当长时间的重大不利影响；

(4)传达错误的声明或担保，对证券持有人造成相当时间的重大不利影响。

3.在预期的最终到期日未能全额支付给投资者。

4.贷款服务机构的违约。这里违约的定义可以追溯到资产服务合同。

5.卖方权益低于规定要求金额(比如 7％)。

6.卖方或者出让方破产。

7.信托被归入 1940 年投资公司法案中所谓的投资公司。

8.卖方在申明和保证方面的任何违规。

9.第三方评级机构降低评级。

10.并购或者收购。

七、信用卡 ABS 风险分析

分析信用卡 ABS 风险因素的方法有很多种,最典型的是定群分析,也称为截面分析。定群是指在限定的时间区间里面具有共同特征的一群人。对于信用卡 ABS,共同特征可以是 ABS 的发行年份、信用评分或地理位置(行业)。定群分析可以查看某个特定时间点的多种可能的呈现式样。

我们也可以使用统计模型来分析信用卡 ABS 的风险因素。统计模型可以为信用评分、失业率、股票指数和更多的风险因子提供式样描述。对于投资者而言,最关心的因素还是损失估算,估算方法可以是转换率分析(the roll rate analysis)或者场景分析(scenario analysis)。下面来看一个转换率分析的例子。

(一)转换率分析

转换率分析检验了一个违约状态到另一个违约状态的借款人的占比,一般违约类型分为:当前无违约(信誉良好或者没有违约记录),1个月/2个月/3个月/超过3个月违约,以及坏账。转换率分析的理论基础是马尔科夫链——一个计算给定发生情况条件下的事件概率的数学过程。最简单的转换率分析假设从一个违约状态到另一个违约状态的概率是一个常数,与该借款人达到现在状态之前的历史记录无关,与其他借款人信息或者信用卡账户信息也无关。这就意味着所有拥有一个月逾期记录的借款人重新回到正常状态的概率相同,他们变成逾期两个月的概率也相同。

一个转换率分析的具体案例如下。根据信用卡债务的成熟统计模型,持卡人逾期还款期时间越长,他们再次及时还款的概率就越低。我们这里使用的数字纯粹是假设案例,但是基本符合对一般信用卡用户的统计模型分析。

我们假设,在给定的1个月时间里面,平均96%的信用卡持有人将保持良好的信用记录(比如当前无违约、无逾期),4%的人将有1个月的逾期还款。1个月逾期的持卡人中,55%将付清欠款且再无逾期,5%将偿付部分欠款,并且保持1个月逾期,其他 40％连最低还款额都未能实现,出现 2 个月逾期;2 个月逾期的持卡人中,我们可以假设他们付清欠款的可能性更小,因此他们中只有 10％将再无逾期,5％保持 2 个月逾期,85％出现 3 个月逾期。对于 3 个月逾期的持卡人,我们假设他们无逾期、保持 3 个月逾期、出现 3 个月以上逾期的概率分别是 3％、2％、95％。对于逾期 3 个月以上的信用卡持卡人,我们假设他们无逾期、保持 3 个月以上逾期的概率分别是 1％和 2％。其他 97％的概率达到了不良债务的标准,这些账户被银行或者债券发行人(尽管他们仍将努力催收欠款)视作坏账。需要注意的是,每个类型的持卡人,其成为其他类型的概率和保持现有类型的概率之和是 1。如上转换率分析总结如图 5.4 和表 5.1。

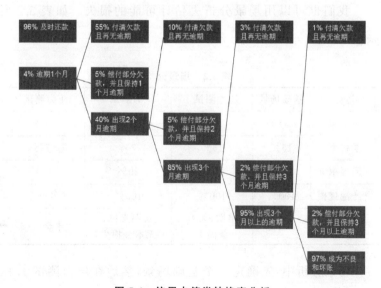

图 5.4　信用卡债券转换率分析

表 5.1　转换率代分析表

		下一个月				
		无逾期	1月逾期	2月逾期	3月逾期	3+月逾期	不良
本月	无逾期	96%	4%				
	1月逾期	55%	5%	40%			
	2月逾期	10%		5%	85%		
	3月逾期	3%			2%	95%	
	3+月逾期	1%				2%	97%

(二)场景分析

我们也可以用场景分析去估计可能的损失。如表 5.2 所示：

表 5.2　场景分析

指标	基础场景	压力测试 1	压力测试 2	压力测试 3
不良率	5%	10%	10%	20%
偿付率	15%	15%	7%	7%
回报率	20%	20%	20%	10%
资产池规模	100%	100%	100%	70%
结果	如计划	早偿、无本金损失	延期支付、无本金损失	本金亏损

场景分析中,先确定一个基础场景,然后在压力测试 1、压力测试 2 和压力测试 3 的挑战下,分析该场景将会如何变化。

我们将所有这些场景的最终结果糅合在一起，得到估计的可能损失。在场景分析下，我们定义一些因子，比如不良率、偿付率、回报率、资产池大小等等，基于历史数据对这些比率估计出一个数值。最终的结果也是通过这些数值计算出来。可以看到，在基础场景中，最终结果正如计划中一样。在压力测试 1 下，除了不良率提升到 10％，其他因素都保持不变，这样信用卡 ABS 将被提前偿还且无本金损失。在压力测试 2 下，不良率提升到 10％，偿付率下降到 7％，信用卡 ABS 到期日延长，本金无损失。在压力测试 3 下，不良率提升到 20％，偿付率下降到 7％，回报率降低到 10％，资产池规模下降到 70％，这时信用卡 ABS 将出现本金亏损。

资产证券化产品建模——行为与估值

导读

  如今,资产证券化产品纷繁复杂,其定价或估值过程更是难以捉摸。随着市场的不断变化,各类传统定价模型的"先天缺陷"逐渐暴露。为了修正这些缺陷,以 PrimeX 定价模型为代表的结构化定价方法表现抢眼,为市场操作提供了良好的参考。

　　资产证券化产品纷繁复杂,因此其定价与风险评估经常是一件令人头疼的事情。资产证券化产品的复杂性源于基础资产行为(collateral behavior)与现金流分配规则的复杂性。由于RMBS(住房地产抵押贷款支持证券)在美国资产证券化产品市场中占有最大的份额,并且其种类变化最多、结构最复杂,因此我们将以 RMBS 为例来说明整个建模流程。

　　在一个特定的资产证券化交易结构中,所有 RMBS 债券的表现完全取决于其基础资产的表现。因此理解 RMBS 债券的关键是对基础资产的分析。在这一章中,我们将深入探讨对基础资产行为建模的各个方面。

　　然后,我们将花相当的篇幅探讨资产证券化产品的定价或估值,这是资产证券化中的一个热门话题。在大部分量化RMBS 专家遵循着 DCF 法(现金流折现法)进行估值或定价时,我们将展示定价或估值的关键在于市场价格的挖掘,具体而言就是风险的市场价格的挖掘。我们将展示传统方法是如何错误地估计被称为 PrimeX 的 RMBS 衍生品的价格,并展示更恰切的定价方法。

一、基础资产行为模型

基础资产行为模型的目标是根据抵押贷款的信息和对宏观经济的预测对早偿率、违约率和违约损失率(loss severity)进行预测。行为模型一般是从历史数据中测算出来的,其基本假设是从历史观察中统计出来的因果关系在预测的时间区间内依然成立。为了让读者对行为模型建立有些了解,我们将会简要地过一遍以下内容:

(1)广义线性模型框架:模型的数学公式的理论框架是什么?

(2)不同方法的选择:我们是直接对早偿或者违约进行模型预测,还是通过模拟贷款多种状态之间的转换进行预测?

(3)变量选择:关键变量是什么?

(4)零散话题:诸如洗涤效应(burnout effect)等热门话题。

(一) 广义线性模型框架

为了更好地说明 GLM(广义线性模型)框架,我们将以早偿模型(prepayment model)为例。以下是本例的假设:

(1)模型有两个自变量(分别是贷款信息 X_1 和宏观经济变量 X_2)。

(2)因变量是一个代表贷款状态的二元变量 Y,其值为 1 的时候代表早偿发生,值为 0 的时候代表早偿没有发生。

(3)该模型用来预测早偿发生的概率 P。

(4)在每个历史时点 i,我们都可以观测到 x_{i1},x_{2i} 和 y_i,以及模型对早偿概率的预测值 p_i。

1.高斯族(Gaussian Family)概率分布

在广义线性模型框架中,我们假设因变量的观测值服从高斯族分布,概率密度函数如下:

$$f(y_i) = \exp\left\{\frac{y_i\theta_i - b(\theta_i)}{a_i(\phi)} + c(y_i,\phi)\right\}$$

其中 θ_i 和 ϕ 是分布参数 $a_i(\phi)$,$b(\theta_i)$ 和 $c(y_i,\phi)$ 是已知函数。因变量 Y_i 均值和方差如下:

$$E(Y_i) = \mu_i = b'(\theta_i)$$

$$\mathrm{Var}(Y_i) = \sigma_i^2 = b''(\theta_i)a_i(\phi)$$

$b'(\theta_i)$ 和 $b''(\theta_i)$ 分别为 $b(\theta_i)$ 一阶和二阶导数。

在早偿模型的例子中：

$$f(y_i) = p_i^{y_i} (1-p_i)^{(1-y_i)} = e^{y_i \ln \frac{p_i}{1-p_i} + \ln(1-p_i)}$$

$$\theta_i = \ln \frac{p_i}{1-p_i}, a_i(\phi) = 1, c(y_i, \phi) = 0 , b(\theta_i) = \ln(1+e^{\theta_i})$$

$$\mu_i = b'(\theta_i) = \frac{e^{\theta_i}}{1+e^{\theta_i}} = p_i , \sigma_i^2 = b''(\theta_i) a_i(\phi) = b''(\theta_i) = p_i(1-p_i)$$

2.连接函数与正则连接函数

建模的目的是预测因变量的均值 μ_i。GLM 不是直接对 μ_i 建模，而是引入与 μ_i 一一对应的连续可微分的转换函数 $g(\mu_i)$：

$$\eta_i = g(\mu_i)$$

$g(\mu_i)$ 被称为连接函数。连接函数的形式包括恒等式、对数、倒数、logit 和 probit。

虽然建模者可以任意选择合适的连接函数，但我们建议选择正则连接函数，也就是高斯族概率分布函数表达式中的 θ_i。选择正则连接函数的好处之一是对所有的高斯族分布我们可以得到一整套统计特性一致的解析表达式。在早偿模型的例子中，正则连接函数是：

$$\theta_i = \ln \frac{p_i}{1-p_i}$$

而提前偿付的概率可被建模为：

$$\ln \frac{p_i}{1-p_i} = \beta_0 + \beta_1 x_{1i} + \beta_2 x_{2i} + \varepsilon_i$$

3.延伸:广义叠加模型

线性模型的一个局限是这种方法相当于只取其泰勒展开式的一阶项,因此在变量变化较大的时候预测值与实际值的偏差较大。广义可加模型(GAM)是 GLM 的另一种延伸,即线性估计式 η 不局限于和协变量 X 呈线性关系,而是作用于 x_i 的平滑函数之和。

$$\eta_i = \beta_0 + \beta_1 f_1(x_{1i}) + \beta_2 f_1(x_{2i}) + \varepsilon_i$$

平滑函数可以用数据测算出来。一般来说这种方法需要大量的计算。

(二)不同方法的选择

1.简单的计量经济学方法

这种方法对早偿行为和违约行为直接以计量经济学的形式进行建模。该方法在过去几十年被业界视为行业标准,但是在 2008 年金融危机后受到挑战。这种方法具有以下局限性:

(1)这种方法未能自然地对违约时间线(default time line)进行模拟,而是在违约模型中引入时间变量。

(2)这种方法很难把服务商的行为引入模型中,也无法有效地区分服务商对基础资产表现的影响。

(3)这种方法也许不能有效地对违约损失率进行建模,因为这种方法不能有效地对违约时间线进行模拟。

2.转移矩阵法

这种方法以很大的精细度(granularity)对基础资产进行模拟。在每个时间点,贷款池被分解到数种状态框[pay status (state) buckets],并对各种状态之间的转换率进行建模。在实践中,贷款状态通常被分为以下几种:

(1)本月付清历史无瑕疵(current clean):贷款在过去的一年里是每月付清的;如果贷款年限小于1年则一直是每月付清的。

(2)本月付清历史有瑕疵:贷款在本月是付清的,但在过去一年至少有一期逾期。

(3)DQ30:贷款已逾期一个月。

(4)DQ60:贷款已逾期两个月。

(5)DQ90+:贷款已逾期超过三个月。

(6)FC:该贷款的房产赎回权已被取消(foreclosed)。

(7)REO:房产已归银行所有。

(8)偿付:该贷款已完全偿还。

(9)违约:该贷款已违约。

为了说明转移矩阵法,我们以一个次级贷款池(subprime pool)在2010年的表现为例。在这个例子中,我们把偿付状态

分类如下表 6.1,并标明对应的转换率。转移矩阵中打上阴影的
单元格对应需要建立的模型。在这个例子中,我们应该建立 24
个模型。

表 6.1 次级抵押贷款池在 2010 年的转换率矩阵

		未来状态								
		流动无瑕疵	流动有瑕疵	DQ30	DQ60	DQ90+	FC	REO	预付	违约
初始状态	流动无瑕疵	97.4%	0.0%	1.8%	0.0%	0.0%	0.0%	0.0%	0.8%	0.0%
	流动有瑕疵	8.4%	83.4%	7.8%	0.1%	0.1%	0.0%	0.0%	0.2%	0.0%
	DQ30	0.0%	20.3%	45.5%	33.7%	0.2%	0.0%	0.0%	0.3%	0.1%
	DQ60	0.0%	4.4%	9.1%	40.3%	43.6%	1.9%	0.1%	0.3%	0.3%
	DQ90+	0.0%	2.9%	0.3%	0.8%	85.2%	8.4%	0.4%	0.0%	2.0%
	FC	0.0%	0.7%	0.1%	0.1%	5.1%	89.8%	2.8%	0.0%	1.5%
	REO	0.0%	0.0%	0.0%	0.0%	0.3%	0.5%	85.6%	0.0%	13.6%

假设转换率不变,早偿和违约向量可以通过矩阵和向量相
乘进行模拟。模拟的结果如图 6.1 所示。在这个例子中,我们
已经在不引入时间变量的情况下成功地模拟出了时间线。

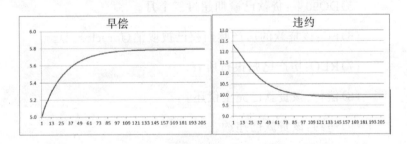

图 6.1 早偿与违约的年化速度

这种方法的优缺点如下。

· 优点：

(1)不同状态之间的转换和相互作用关系很自然地纳入模型。

(2)对模型的更细致的控制(granular control)，可以更好地模拟服务商/地区性的行为。

(3)不需要在违约或逾期模型中引入时间变量(Age ramp variable)。

(4)可以模拟支付历史和违约时间线。

(5)在模拟房产清偿时，可以差异化处理各种清偿模式。可以建立更精细的违约损失率模型。

· 缺点：

(1)建模的工作量大幅加大。例如在例子中要建立 24 个模型。

(2)计算成本大幅上升。通常需要对转换进行蒙特卡罗模拟。

3.混合法

2008 年金融危机过后不久，对抵押贷款进行简单的计量经济学建模已经很难满足非机构 MBS 债券的交易需求。抵押贷款债券的估值不仅与违约量有关，而且还与清偿的时间有关。服务商行为的巨大差别开始变得明显，MBS 现金流的时间节点变化实质上取决于服务商的表现。图 6.2 显示不同次级抵押贷款服务商提供的贷款转换率的差别。

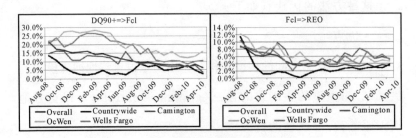

图 6.2 不同服务商提供的次级贷款转换率

由于人们曾经在旧式的计量经济学按揭模型有过很大的投入,例如在校准方面付出大量的努力,因此旧式模型大致上运行良好,只是一个个房贷池去检查就会看到模型的缺失。我们曾经对混合模型进行过探索。我们根据转换率对旧式计量经济学模型产生的结果进行修正,发现修正的效果十分好。

我们利用两阶段转换率模型(two-stage roll rate model)对修正进行测算,第一阶段是服务商差异化的转换率,第二阶段是全体平均的转换率,而且就两阶段转换率的切换引入了主观的融合期。在融合期开始前,服务商行为差异完全加进了修正,之后两个转换率渐渐融合进来,服务商的差异化影响便逐渐减弱。切换完毕时,服务商的差异化影响完全消失。

图 6.3 是由卡林顿公司服务(Carrington)的一个次级贷款 MBS 产品的模拟结果。该图显示了模型不经修正的结果以及利用三个主观融合期修正的结果(第 12 个月到第 36 个月,第 24 个月到第 48 个月,第 24 个月到第 120 个月)。我们可以看到历史违约率和模型预测的未经修正的违约率还是有很大的差距

的。而对模型的修正能够很好地收窄差距。当融合期开始后，上升的转换率开始清除逾期贷款(delinquent loans)的存量。

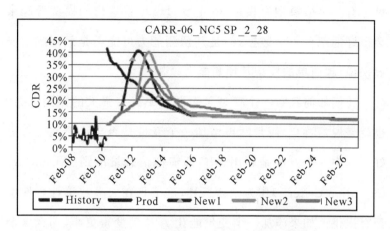

图 6.3　CARR-06_NC5 的模拟结果

(三)变量选择

房贷行为模型中的变量分为以下四类：

(1)与贷款结构有关的变量：到期日、LTV、票息类型、票息率、起初贷款额。

(2)与借款人有关的变量：信用评分、负债收入比……

(3)与房地产有关的变量：地理位置、房产类型、自住还是出租……

(4)与宏观经济有关的变量：房价指数、利率、GDP、失业率。

在所有指导规则中,我认为最重要的指导规则是"节俭规则"。节俭规则也被称为奥卡姆剃刀(Occam's razor)。我们曾见过有些早偿模型有接近 30 个变量。尽管这样的模型看起来会很好地拟合历史数据,但是其预测能力可能不是最强的。一般来说,越简单的模型其预测能力越强。

我们如何判断一个模型是否既简单又有强大的预测能力?也就是说,我们如何判断再增加一个变量是否会让模型变得更好? 其中一个方法是利用 AIC 即赤池信息量准则(Akaike Information Criteria)作为判断工具,这工具在大多数统计软件中都有提供。如果添加一个变量能让 AIC 值变得更小,那么这个变量的添加是改善模型的。在所有候选模型里,AIC 值最小的模型是最佳的。

(四)零散话题

在这一小节,我们将讲两个在按揭建模中备受关注的话题,分别是:

1.洗涤效应

早偿的洗涤(burnout)效应几十年前就已经在房贷池行为中发现。曾经历过利率下降周期的房贷池对新的利率诱因没那么敏感。换而言之,在上一个利率下降周期中没有再融资的借款人在利率再次下降的时候想去再融资的可能性很低。这种现象被称为提前偿付的洗涤效应。[①]

　　洗涤效应同样出现在抵押贷款的信用行为表现中。2008年金融危机过后不久,在每一个房贷市场板块中都有相当一部分住房贷款出现房不抵债(go underwater)的情形,逾期率也因此激增。在所有从来都没有逾期的贷款中,长期房不抵债的贷款逾期的可能性低于刚刚房不抵债的贷款。图6.4显示2008年至2009年间观察到的信用行为洗涤效应。大于120的LTV在2009年11月首次逾期率(first time delinquency rate)比在2008年11月的比率低很多。房不抵债的情况越严重,信用行为的洗涤效应则越明显。

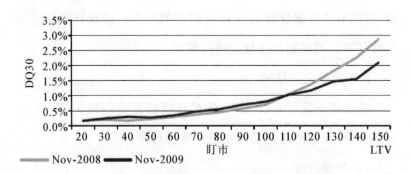

图 6.4　优质抵押贷款(Prime Fixed)的首次拖欠率

数据来源:Loan Performance

　　简单来说,洗涤效应指的是速度随着时间的推移而下降,而

---

　　① 将 burnout 翻译成洗涤是因为两者本质上都是在比喻时间/经历效应。时间就像流水,冲走容易被冲掉的,剩下的都是很顽固的。——译者注

这种下降却不能为行为模型所解释(无论是提前偿付行为还是拖欠行为)。模型的细致度越高,根据洗涤效应进行修正的需要越小。为了说明这一点,我们现在以一个贷款池为例,里面的贷款除了余额不同以外其他特征均相同。在这个贷款池中,余额越大的贷款早偿的速度越快,相反,余额越小的贷款早偿的速度越慢。构成这个池的贷款权重会随着时间发生变化。按百分比来说,随着时间的推移,余额较小的贷款在池中的百分比会越来越大。因此,贷款池的平均余额将会越来越小,其提前偿付的速度也会逐渐下降。如果早偿模型只停留在整个贷款池的层面,那么该模型将不能预测到贷款池的平均余额和早偿速度的下降。在过去,大多数早偿模型都是在池或者定群的层面上模拟的,因此需要根据洗涤效应做出相应的修正。而现在我们主要是就利率诱因根据洗涤效应进行修正。

2.违约损失率模型

在住房贷款所有行为中,最难建模的是违约损失率。在这一小节中,我们将选择就以下重点进行讨论:

(1)数据清洗

(建模)困难的原因是历史数据往往少而噪声大。首先,相对于早偿而言,违约事件比较少。优质住房贷款在整个生命周期中违约率大约是1%。假设贷款的平均寿命为5年,每项贷款在整个还款周期中含有60个观测点。换而言之,我们只能从大约6 000个观测点中观察到1次违约。其次,损失幅度的比率千差万别。如图 6.5 所示,虽然次级贷款在 2007 年的平均损失幅度比率大约为 40%,但是个别违约事件中损失率可以是从 0 到 100%之间的任意数值。因此,数据清洗是建模中建立数据集所面临的一大难题。

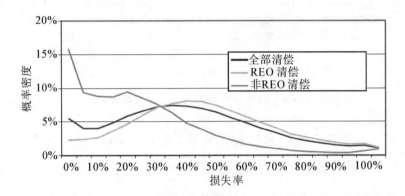

图 6.5 次级贷款损失率的概率分布

数据清洗的其中一项任务是辨别违约事件。在 Loan Performance 公司提供的数据中,贷款终止是通过时间序列中的贷款消失找出来的。如果贷款是在拖欠超过三个月以后终止的又或者终止伴随着损失,那么我们通常将该贷款终止判断为违约事件。数据清洗的另一项任务是排除异常值。

(2)违约时间线

违约时间线对违约损失率的影响很大。如果贷款被拖欠得越久,贷款状况也就越糟,房贷能够收回的金额也会越小。我们也发现 REO 清偿比非 REO 清偿的损失率大。在图 6.6,我们看到 REO 清偿的损失率比非 REO 清偿高 20 个百分点。

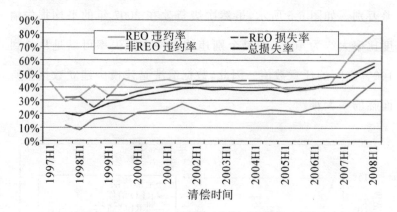

图 6.6　REO 和非 REO 清偿的违约损失率

为了对违约时间线进行建模,无论是 REO 清偿还是非 REO 清偿,我们必须以一定的细致度对偿付历史进行模拟。早偿模型和违约模型必须以转换矩阵的形式建立,偿付路径也要通过蒙特卡罗法模拟出来。

(3)盯市权益值

为了更简单地说明问题,我们以两个邻近的、完全相同的、价值为 100 万美元的房产为例。这两项房产都是通过住房贷款购买的。第一项房产的首付比例为 10%,第二项房产的首付比例为 20%,这两项房产都在同一天购买。两年以后,房屋价格指数上升了 10%。不幸的是,上述两项住房贷款都违约了。如果说第一项贷款的损失率是 40%,那么你觉得第二项贷款的损失率是多少?

在购买的当天,第一项房产的借款人对房产拥有 10% 的权益,第二项房产的借款人对房产拥有 20% 的权益。两年以后,财产各自的盯市价格为 110 万美元。那么第一个借款人的盯市权益值则变成 18%,第二个借款人的盯市权益值变成 27%。给定第一项贷款的损失率为 40%,也就是说收回的金额约为 54 万美元。如果我们假设第二项贷款回收的金额与第一项贷款相同,那么第二项贷款的损失率约为 33%。这听起来对不对?如果不对的话,那么我们最优的估计值是什么?我们最优的估计是第二项贷款的违约损失率与第一项贷款一样,均为 40%。

　　房地产市场处于上升阶段时,住房贷款的违约事件十分少见,因为一个理性的房屋业主不会在其权益为正数的情况下选择违约。只有当借款人的房产与邻近房产的市场表现很不一样时,一个理性的借款人才有可能违约。也就是说,邻近房屋的价格上扬而自家房屋因保养不好或者自然灾害等原因而价格下跌时,借款者才会选择违约。如果我们假设市场是有效的,当其拥有权益变成负数时,比如 -10%,那么借款人将会选择违约。如果触发违约的负权益大小相同,违约损失率将对首付数额或者盯市权益值不太敏感。这个结论为历史数据所支持。在图 6.6 中,次级贷款的平均损失率在 2007 年之前的几年间非常平滑,而这个时候房屋价格却在急速上涨。尽管平均违约损失率对盯市 LTV(mark to market LTV)不太敏感,但是我们发现 LTV 较小贷款的违约损失率有更大的方差。

　　说了这么多,我们的确看到有些情形下违约损失率对 LTV、HPI(房价指数)等较为敏感。在 2008 年金融危机期间,违约损失率显示了其与 HPI 或者盯市 LTV 有很强的相关性。在金融危机期间,HPI 直线跳水。人们之所以选择违约是因为他们的房产与周围的邻居一样,相反,选择继续履约则可能是因为他们的房产与周围的房屋表现得不一样。因此,盯市价值代表着违约财产的真实平均价值。

二、定价或估值

如同股票投资界,ABS(资产证券化)产品的定价或估值也有两大流派,一个更关注基本面,另一个则更关注技术面。对于基本面分析者而言,金融产品的价格即为贴现的现金流之和,基本面分析方法也通常被称为 DCF(贴现现金流)法。而对于技术面分析者而言,金融产品的价格可以通过市场上已经交易的相似或相关产品进行估量。后文将提出这样一种结构性定价方法。

我们时常会发现,DCF 法对于一些金融产品并不适用,特别是对一些在市场上从未交易过并且无可参照比较的新型产品。对于这些产品,通常采用结构性方法来进行定价。这种方法的思路是将产品分成几个部分,进而对每一个部分合理定价。

我们将会利用这种方法对金融衍生品 PrimeX 进行定价。当时，还没有卖方研究报告可以对其准确定价。我们也将使用这种方法对住房贷款池进行精准定价。

除了展示刚刚提到的两种方法之外，我们接下来将讨论一下有助于理解定价模型的两个话题：定价本质与报价。第一个话题将揭示定价的真正内涵；第二个话题可以帮助读者了解市场的运作机制。换言之，在后面的小节中将展开如下讨论：第一，定价本质。我们将强调价格发现过程的重要性。第二，报价。我们将说明有些报价隐含了基础资产的行为假定，也有些报价附带着基础资产的行为假定的语境。这些都说明对基础资产行为建模的重要性。第三，定价模型——DCF 法。我们将用一个简单的例子来说明这种方法。第四，定价模型——结构性模型。以两类 MBS 的定价为例，即机构 MBS 房贷池和PrimeX。

(一)定价本质

定价的最终目标是确定为金融产品所支付的金额。从基本面角度来看，定价机制涉及两个主要参数，即贴现收益率和预期现金流。贴现收益率可以分解为两部分：无风险利率和溢差。如果基础资产行为模型和宏观经济模型一应俱全，理论上 ABS

产品的现金流便可很容易测算。无风险利率可参考政府发行债券的市场行情来确定。因此,在定价过程中唯一的不确定性因素是溢差,这可以被认为是风险的市场价格。风险的市场价格完全是对市场风险偏好的测度,因而无法从理论上计算。换言之,溢差只能从市场中发现。我们认为,定价的本质其实就是对价格的发现过程,更精确地说,就是溢差和风险的市场价格的发现过程。

如果进一步分析,市场价格的发现过程可视作寻找可比产品的交易价格。从这个角度来说,ABS 产品的定价可类比于房地产的定价。在对房地产定价时,首先会调查近期周围所有相似房产的交易情况,在考虑房屋价格指数走势、与周边房产的细微差异等因素下调整价格。对于 ABS 产品,需要考虑的细微差异是利率变动、债券平均期限、最大期限延展等因素。ABS 产品的真实价格就是可以进行交易的价格。在许多情况下,价格是通过市场行为(如发行、招标、拍卖、询价和逆向询价)来发现的。

强调价格发现的重要性,并不意味着我们认为模型预测不重要。模型预测和价格发现实际上是 ABS 定价框架中的两个最为重要的组成部分。然而,许多量化分析师似乎无法有效利用价格发现工具来更好地定价。

(二)报价

读者们可以通过阅读报价表格感受市场的运作方式或者运行思路。报价方式也可体现出定价过程的目标。为了使讨论更易于理解,我们将讨论对象限定为 MBS 产品。

MBS 产品不具有股票或政府债券那样的流动性,交易需数小时甚至数日。交易员每天会公布报价表一次或两次。如果表中的报价无法维持几个小时,则该报价表就没有实际操作意义。然而,债券的美元价格可能每一分钟都在变化。因此,人们通常采用比美元报价更为稳定的数字进行报价,如相对于基准期货的价差(即基价差),或者相对于基准利率的利差。在本节中,我们将通过几个例子来说明不同的 MBS 产品都是如何报价的。我们会展示报价隐含了基础资产的行为假设或报价是在基础资产行为假定的语境下的。

以美国的机构 MBS 债券为例。收益率溢差的报价通常有三个要素:早偿速度假设、基准利率和溢差。基价差的报价有两个要素:基准产品和基价差。这里举两个例子:特定 MBS 房贷池和固定票息 MBS 债券。

1.特定 MBS 房贷池的报价

表 6.2 是针对三种特定 MBS 房贷池的报价表。对于各列

项解释如下：

表 6.2　特定 MBS 房贷池报价表

CUSIP	POOL	ORIG FACE	OFFER	BENCHMARK	STORY
3128MDKM4	FGG14600	$ 20000000	56/FGCI3	FGCI3	LLB
3128PWYR3	FGJ17020	$ 10000000	0-29	FGCI3.5	MHA80-90
3138EKGG4	FNAL2898	$ 50000000	3-10	FNCL4	MLB

（1）CUSIP：一种在北美使用的证券标准代码。

（2）POOL：房贷池名称，具有唯一性。

（3）ORIG FACE：房贷池的原始面值。

（4）OFFER：相对于基准 TBA 的基价差。如果没有指定基准 TBA，则使用与贷款池特征相匹配的默认基准 TBA。基价差可由 tick 的数量表示。票面价格是 100 美元，1 美元代表 32 个 tick。上例中第一个房贷池相对于 FGCI3 的基价差是 57 ticks 或者 1-25（1 美元再加 25 ticks），第三个房贷池相对于 FNCL4 的基价差是 3-10（3 美元再加 10 ticks）或 106 ticks。

（5）BENCHMARK：根据"OFFER"列或房贷池特征计算出的基准 TBA。

（6）STORY：能最恰当描述房贷池的关键特征。例如，"MLB"意为"中等贷款规模"，也就是说房贷池中每笔贷款的初始额不超过 11 万美元；"MHA80-90"的意思是房贷池中的每笔贷款都来自 HARP 计划，且贷款与房价的比率（LTV）在 80％～90％之间。

特定 MBS 房贷池是以相对于基准 TBA 的基价差进行报价的,因此定价的目标是确定这个基价差,而不是寻找绝对价格。特定 MBS 房贷池的基价差是由其预期行为的差异性决定的。在所有 MBS 债券中,剥离型的纯利率债券对特定房贷池的预期寿命最为敏感,剥离型纯利率债券的市场价格也隐含市场对特定房贷池的早偿速度的观点。在后面的定价模型中,我们将演示如何根据衍生品市场的行情来精确测算特定房贷池的基价差。

2.固定票息 MBS 债券的报价

表 6.3 是针对三种固定票息 MBS 债券的报价表。对于每种固定票息债券,其报价是在基础资产行为假定下相对于基准利率的溢差。表 6.3 各列的含义如下:

表 6.3 固定票息 MBS 债券报价表

* Front SEQ *				
NAME	SIZE	CPN/COLL	WAL +300	SPRD
FNR 11-109 PK	41/8	4/CK 4.5	2.8 9.4	76/30C
GNR 11-124 EA	23/10	3/G2 5	3.7 6.2	54/15C
FHR 3843 GL	3/1	3/FG 5	2.8 6.0	63/341P

(1)NAME:债券在 MBS 所有产品中唯一的名称。

(2)SIZE:债券最初/现在的规模(以百万美元计)。对于第一个债券,其初始规模为4 100万美元,现在规模为 800 万美元。

(3)CPN/COLL:对债券的票面利息和基础资产的描述。

对于第一个债券,其票面利息是 4%,且基础资产为 CK4.5。

(4)WAL +300:指在交易员共同认可的速度下债券的预期及最长期限。这是对风险的一种常见测度。上例中的第一种债券的预期期限为 2.8 年,最长期限为 9.4 年。这些数字显示其期限扩展风险较高,因此需要更高的溢差。

(5)SPRD:以用"/"分隔溢差、基准利率和速度假定为表现形式的报价。上例中的第一种债券,收益率溢差为 76bps,基准为空表示采用默认值,基础资产早偿速度假定为 30CPR。假定速度的最后一个字母 C 表示单位 CPR,P 表示 PSA。从报价的形式来看,固定票息债券的定价目标是寻找收益率溢差。

为了更进一步地讨论,我们现在展示一个有意向的买家如何分析一个固定利率 MBS 债券。图 6.7 是 YT(Yield Table)的分析截屏,它是一款非常常用的债券分析工具。以债券 FHR 4093 QA 为例。

做分析时,通常采纳交易商群体对相应标准化基础资产(即基础资产相对应的 TBA)的一套共识性的早偿速度。该套共识速度包含七种被标记为 +300bps,+200bps,+100bps,0bps,-100bps,-200bps 和 -300bps 的利率冲击下的模拟情景。其中的 0bps 处于中间或平均情形,+300bps 反映期限的最大延展。在这个例子中,AL(平均期限)4.16 年为中间情形,6.16 年为最大期限。相应于 99-06 的价格,该债券收益率溢差为 66bps。为了粗略评估债券价格的高低,我们对同类债券在中间情形下的

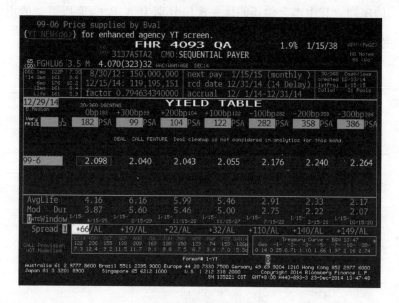

图 6.7 MBS 收益分析表

收益率溢差进行比较,并对期限的延长或缩减进行微调。

3.定价模型——DCF 法

一种计算金融产品理论价格的最自然的方法是先预测现金流再将其折现。这种方法虽然简单,但在很多情况下具有一定作用。对基础资产的现金流测算通常是通过运行各项宏观经济假设下的基础资产行为模型来实现的。折现率通常为基准收益率加溢差,而溢差可视作风险的市场价格。

下面通过一个简单的例子来展示运用 DCF 法对 MBS 债券定价。示例描述如下:基础资产池是由一些完全相同的贷款组合而成的,原期限为 15 年,剩余期限为 10 年。债券池总量为 10 亿美元(见表 6.4)。MBS 的交易结构设定为包含三种债券 A、B、C

的序列。其中本金偿还的优先次序分别为 A、B、C,而所遭受的损失则按照 C、B、A 的顺序进行分配。例如,债券 C 最先遭受损失。

表 6.4 抵押品资产和交易结构

当前余额 (美元)	原始期限 (月)	剩余期限 (月)	利率	息票率 类型	支付频率
100 万	180	120	6%	固定	按月

	当前余额 (美元)	所占百分比
抵押品	10 亿	100%
A	8.8 亿	88%
B	0.7 亿	7%
C	0.5 亿	5%

定价通过下面三个步骤进行:

首先,通过基础资产行为模型来测算早偿和违约速度,以及违约损失率。为了更简单地演示,我们假定行为模型获得表 6.5 中三个恒定的速度。

表 6.5 基础资产行为假设

提前还款率	违约率	损失率
11.4%	1.2%	40%

其次,运行现金流引擎来得到基础资产和所有 ABS 债券的现金流。主要现金流如图 6.8 所示:

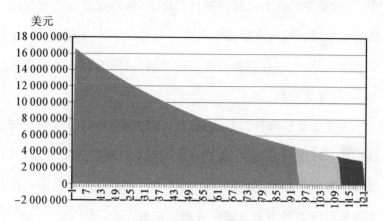

图 6.8　ABS 债券主要现金流

再次,对于每一种债券,得到预期期限和损失等信息。根据预期期限可得到基准利率,最后得到债券价格。为了更好地对结果进行说明,我们假设的溢差和计算得出的价格如表 6.6 所示:

表 6.6　定价结果

	当前余额（美元）	所占百分比	平均期限	预期损失	基准利率	溢差	价格
基础资产	10 亿	100%	3.63 年	1.8%	3.1%	1.1%	$104.30
A	8.8 亿	88%	3.05 年	0.0%	3.0%	0.5%	$105.71
B	0.7 亿	7%	8.39 年	0.0%	4.2%	1.0%	$108.86
C	0.5 亿	5%	7.18 年	35.2%	4.0%	2.0%	$88.83

DCF 法有好几种变种,我们将对以下三种做简要讨论:

(1)单路径估值法

该方法将一组宏观预测数据输入到一个基础资产行为模型

中,目标债券的现金流可以被预测出来,再通过现金流折现得到债券的价格。这种方法简单且在一些情况下十分有效。由于其估值路径单一,因此债券隐含期权价值/风险不容易被估量。

(2)情景分析法

为了估量结构性产品的期权价值/风险,我们可以引入情景分析法。在这种方法中,我们列出5到7种宏观经济情景,并对每种情景赋予相应的概率。针对每个情景做单路径估值。以每个路径对应的概率为权重计算出平均值。

(3)期权调整溢差分析法

为了能够在任意程度上对期权价值/风险进行评估,我们可以对宏观经济变量(包括利率)进行成百上千条路径的蒙特卡罗模拟。利用同一个溢差对每一条路径进行估值,再以每条路径相同的权重计算出平均估值作为债券的测算价格。债券的测算价格与其市场价格相同时所对应的溢差即为该债券的期权调整溢差。

期权调整溢差分析法或许是一个好方法,但其效果并非尽如人意。蒙特卡罗法对宏观变量的模拟值可能会远偏于其正常值。因为大多数宏观经济计量模型是线性的,当变量偏离均值太远时,行为模型很有可能失效。

4.定价模型——结构化方法

我们时常会发现,DCF法对于一些金融产品并不适用,特别是对一些在市场上从未交易过并且无可参照比较的新型产品。一个明显的例子是非机构 MBS 金融衍生品指数 PrimeX。除此之外，我们也将使用这种方法对住房贷款池进行精准定价。

（1）PrimeX 定价

PrimeX 是一种追踪美国一篮子以优质住房贷款为基础资产的非机构 MBS 产品的指数。与 ABX.HE 相似，PrimeX 是一种现收现付的信用违约互换。它包含以下四个子指数：

Markit PrimeX.FRM.1（100％固定利率，发布于 2005 年 1 月 1 日至 2006 年 6 月 30 日）

Markit PrimeX.ARM.1（100％可调整利率，发布于 2005 年 1 月 1 日至 2006 年 6 月 30 日）

Markit PrimeX.FRM.2（100％固定利率，发布于 2006 年 7 月 1 日至 2007 年 12 月 31 日）

Markit PrimeX.ARM.2（100％可调整利率，发布于 2006 年 7 月 1 日至 2007 年 12 月 31 日）

在第一个交易日之前，各大交易商相继发布了四个子指数的价格测算。测算结果虽各不相同，但都围绕现货债券价格变化 1～2 个百分点。第一天，市场价格让所有人震惊，各指标交易价格比现货债券高出 10 个百分点左右。几天之后，一些新的研究报告出台，通过操纵收益率和现金流，硬凑出接近市场水平的测算价格。换言之，在已发表的报告中还没有能够给 PrimeX 准确定价的。

显然，DCF 法对于 PrimeX 的定价是失效的。在 2010 年 5

月,我们尝试采用结构化方法。模型虽然简单,但运行效果堪称神奇。模型和运行结果如下所述。

基于 Markit 的论述,PrimeX 是一种信用违约互换。指数买家每月会收到一笔保险费,当现货债券遭受信用损失时,买方对卖方进行补偿。换言之,现金流可以用下列公式表达:

$$CF(PrimeX) = CF(保险费) - CF(损失) \qquad 方程(1)$$

指数的平价设定为 100。在起始交易时,如果指数价格高于平价,比如 108,买方会将高于平价的 8 美元支付给卖方;反过来,如果价格低于平价,卖方则向买方支付低于平价的金额。也就是说,理论价格是 100 加上现金流的现时价值,如以下公式表示:

$$价格(PrimeX) = 100 + PV(保险费) - PV(损失) \qquad 方程(2)$$

通过在方程(2)右边加上和减去现货债券,我们得到:

$$价格(PrimeX) = PV(现货债券) + 100 + PV(保险费) - PV(损失) - PV(现货债券)$$

即得:

$$价格(PrimeX) = PV(现货债券) + PV(保险费) - [PV(现货债券) + PV(损失) - 100] \qquad 方程(3)$$

当损失被补偿后,现货债券成为被保险债券,即为:

$$PV(被保险债券) = PV(现货债券) + PV(损失)$$

因此，我们得到：

价格(PrimeX)＝PV(现货债券)＋PV(保险费)－

[PV(被保险债券)－100]　　　　　方程(4)

我们定义 PrimeX 的基差为指数与现货债券间的价格差异，得到如下 PrimeX 基差定价公式：

价格(PrimeX 基差)＝价格(PrimeX)－PV(现货债券)

＝PV(保险费)－[PV(被保险债券)－100]

方程(5)

从方程(5)中可以看出，在 PrimeX 基差公式中没有信用方面的成分。保险费部分类似于一个纯利率债券，因此，我们可以在市场上找到类似的可比债券。被保险债券与机构 MBS 债券类似，在市场上也可以找到类似可比债券。因此，利用该公式，我们可以根据市场行情对其精确定价。

即使没有市场行情作为参考，我们也可以得到一个近似价格。2010 年 5 月，我们通过改变早偿速度、纯利率债券收益率和被保险债券收益率建立了多个估值情景，进而粗略估算出了 PrimeX 基差(见表6.7)。在如下情景中 PrimeX 基差为9.35：总体早偿速度为 15CPR、保险费的收益率(yield for premium)①定

———————————

① 这个翻译可能太浓缩了。Premium 是卖 PrimeX 的人定期交的保险费。这定期交的 Premium 现金流有现时价值，而这个价值的到底是多少，取决于投资者要求的收益率。这个收益率就是 yield for premium，也就是投资者对保险费现金流的现时价值所要求的收益率。

价为 5.5、被保险债券的收益率定价为 3.5。

下面对 ARM1 的运行结果：

表 6.7　PrimeX 基准定价结果

ARM1 10 CPR（Y_1:保险费的收益率；Y_2:被保险债券收益率）

Y_1 ＼ Y_2	3.5	4	4.4	5	5.5
3.5	12.64	16	18.57	22.22	25.11
4	11.97	15.33	17.89	21.55	24.44
4.4	11.45	14.81	17.37	21.03	23.92
5	10.7	14.06	16.63	20.29	23.17
5.5	10.11	13.47	16.04	19.7	22.58

ARM1 15 CPR（Y_1:保险费的收益率；Y_2:被保险债券收益率）

Y_1 ＼ Y_2	3.5	4	4.4	5	5.5
3.5	10.88	13.33	15.22	17.94	20.11
4	10.48	12.93	14.81	17.53	19.7
4.4	10.16	12.61	14.5	17.22	19.39
5	9.71	12.16	14.05	16.77	18.94
5.5	9.35	11.8	13.68	16.4	18.57

ARM1 20 CPR（Y_1:保险费的收益率；Y_2:被保险债券收益率）

Y_1 ＼ Y_2	3.5	4	4.4	5	5.5
3.5	9.49	11.37	12.83	14.94	16.64
4	9.23	11.11	12.57	14.68	16.38
4.4	9.03	10.91	12.37	14.48	16.18
5	8.74	10.62	12.07	14.19	15.89
5.5	8.5	10.38	11.84	13.95	15.65

（2）特定房贷池定价（过手型 MBS 债券）

在机构 MBS 领域,过手型 MBS 债券也被称为特定房贷池,相应的标准化期货被称为 TBA。房贷池的价格通常伴随相应 TBA 上下浮动。基价差,也就是房贷池及其相应 TBA 的价格差,在一天中相当稳定。在大多数情况下,房贷池和 TBA 成对交易。例如,一个房贷池的买方也卖出相同数量的 TBA 给卖方。这样的安排使得特定房贷池交易时的现金交换不随 TBA 价格变动而变化。

考虑自身的经济利益,房贷发行人根据一些特定的特征创造贷款池。例如,发起人根据贷款规模,如 LLB(不超过 8.5 万美元)、MLB(小于 11 万美元)和 HLB(少于 15 万美元)归集贷款。特征相同的贷款池,比如所有 LLB 房贷池,都有很相近的早偿速度,且价格差异通常落在一个小范围之内。因此,一个过手型 MBS 交易员在日常交易过程中只需要面对十几个特征贷款而不是成百上千的房贷池。一个过手型 MBS 交易员通常会对房贷池的基价差做每日评估。为了使自己的工作更加便捷,交易者可能会使用专业工具来开展项工作。

DCF 法不能以很高的精度对房贷池定价。相比之下,结构化的方法则更为有效。交易员可以将一个特定房贷池扔到他最擅长的 CMO 结构中,根据市场行情给每个分档定价,并把所有分档加总到基础资产的价格中。一些交易员选择了更为简单的结构,如剥离式结构,即将房贷池分解为平价债券和纯利率债

券。根据市场行情,我们可以得到平价债券的票面和纯利率债

券价格,以及将两部分相加得到的房贷池的市场价格和基价差。

表 6.8 是一个过手型 MBS 交易者常用的剥离表格。

表 6.8 剥离表格

平价票面	2.25				
房贷池	理论基差	平均贷款年限(月)	每月付款日	纯息债券价格	零收益率早偿速度(CPR)
FN 4 CK	—65	1	25	11-106	28.0
FN 4 LLB	161	1	25	27-151	11.0
FN 4 MLB	135	1	25	25-203	12.0
FN 4 HLB	92	1	25	22-175	14.0
FN 4 HHLB	56	1	25	20-006	16.0
FN 4 MHA 80	27	1	25	17-297	18.0
FN 4 MHA 90	73	1	25	21-072	15.0
FN 4 MHA 95	102	1	25	23-086	13.5
FN 4 MHA 100	134	1	25	25-203	12.0

在上面的例子中,用 █ 标出的是输入,█ 标出的是输

出。衍生品交易者通常对纯利率债券用零收益率速度来报价。

零收益率速度是纯利率债券收益率为零时所对应的基础资产早

偿速度。在这个例子中,平价票面为 2.25,特定房贷池的理论价

格为 $100 + $ 纯利率债券价格 $\times (4 - 2.25)/4$。因此,交易员可以

比较市场给出的价格和理论价格,找到最为实惠的特定房贷池。

第七章

中国资产证券化市场探讨

导读

　　本书原版是美国的资产证券化市场的介绍。作为成熟市场的代表,美国的金融市场是许多发展中国家金融市场的参照。因此,将本书翻译成中文版,希望对中国的从业者有参考价值。考虑到受众的改变,本书增加了一个章节,对中国的资产证券化市场进行简单的探讨。

一、中国资产证券化发展历史

　　从 2005 年起到 2015 年底,资产证券化在中国已有十多年的历史。受美国次贷危机的影响,2009 至 2011 年的 3 年间中国的证券化产品发行完全停止。2012 和 2013 年发行规模乏善可陈。2014 年资产证券化(ABS)产品发行相对井喷。由于备案制、注册制、试点规模扩容等利好政策的推动,2015 年的发展进一步提速。2014 至 2015 年的两年间共发行各类 ABS 产品 9 000 多亿元,包括中国人民银行和银监会主导的信贷资产证券化(信贷 ABS)产品、证监会主导的企业资产证券化(企业 ABS)产品,以及银行间交易商协会主导的资产支持票据(ABN)。这两年的总量是前 9 年发行总量的 6 倍多。详情见图 7.1。

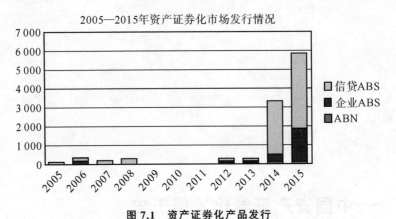

图 7.1　资产证券化产品发行

数据来源：Wind 资讯，中央结算公司

　　除了政策利好之外，2015 年的证券化发展也可能有其他一些市场因素。由于利率不够市场化，虽然当前流动性相当充裕，但有些企业在贷款市场获得融资并不容易。2015 年的股灾后，企业通过权益市场融资的成本也大幅上升了。2014 年以来的一系列有关中国资产证券化的"去监管化"政策，以及基准利率的下行，增加了资产证券化融资的吸引力。如图 7.2 所示，2015年后半年开始，在中国基金业协会备案的资产支持专项计划项目数稳定上升。

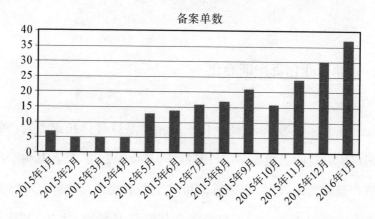

备案单数

图 7.2 资产证券化产品备案单数

数据来源：中国基金业协会

二、中国资产证券化市场构成

中国的资产证券化市场可分为标准（公开）市场和非标（私募）市场，而相对应的产品分为标准化资产证券化产品和非标准化资产证券化产品。本章节先简单介绍一下非标产品，然后用较大篇幅讨论标准产品。

(一)非标准化资产证券化

在非标市场,资产证券化产品主要是通过信托或者资产管理机构发行的。主要参与者是券商、基金子公司,或者其他一些资产管理机构,比如陆金所。相对于标准化产品,非标 ABS 有两个方面的劣势。一是投资者群体有更多限制,比如 QFII 和 RQFII 不能购买。二是发行成本较高,非标 ABS 产品的收益率比相对应的标准化 ABS 产品要高 2 个百分点左右。非标产品的优势之一是发行不需要审批,因而手续简捷很多。非标 ABS 很受投资者欢迎。除了收益高的缘故之外,非标 ABS 优先级的风险特性有吸引力也是重要原因。非标 ABS 前两大类基础资产是信用卡应收账款和汽车贷款。由于基础资产的分散性,信用卡和车贷 ABS 的优先级一般都能得到劣后的有效增信保护。

在 ABS 市场,广发证券于 2013 年底在深交所挂牌发行的恒进 1 号集合计划备受关注。此产品虽然实质上是金融租赁资产证券化产品,但其载体不是企业资产证券化常用的券商资产专项管理计划,也不是信贷资产证券化常用的信托计划。这个产品采用了双 SPV 交易结构(见图 7.3)。该 ABS 产品的主要载体是券商小集合,嵌套了基金子公司专项计划。基金子公司设立专项计划,购买租赁资产,发行优先/劣后份额。原始权益人购买全部的劣后份额,承担该证券化项目的盈亏。广发证券设立小集合(广发恒进 1 号)募集资金,认购所有的基金子公司专项计划的优先份额,实现原始权益人的融资目的。该双 SPV结构借助了基金子公司专项计划的广泛投资范围,也利用了券商集合计划可挂牌的便利。由于"集合计划"与"基金专项计划"两个载体都实行备案制,该产品得以避开当时的审批流程,实现了快速募资与挂牌交易。

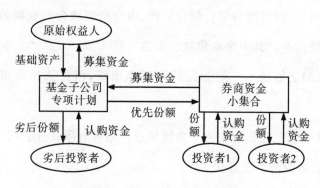

图 7.3 资产证券化双 SPV 结构

(二)标准化资产证券化

目前,中国的资产证券化主要分下列三类:

1.信贷资产证券化

(1)监管机构为银监会(CBRC)和人民银行(PBOC),由银监会审核发起机构资质、人民银行主管发行。

（2）发起机构为银行业金融机构，包括商业银行、政策性银行、邮政储蓄银行、财务公司、信用社、汽车金融公司、金融资产管理公司等。

（3）投资者主要是投资机构和金融机构。按照法律、行政法规和银监会等监督管理机构的有关规定可以买卖政府债券、金融债券的，也可以在法律、行政法规和银监会等监督管理机构有关规定允许的范围内投资资产支持证券。

（4）基础资产为银行信贷资产、由资产管理公司收购的银行不良贷款等。其中企业贷款占多数。

（5）交易场所一般为银行间债券市场，但可选择跨市场发行。

（6）登记托管机构为中央国债登记结算有限责任公司。

2.企业资产证券化

（1）监管机构为证监会（CSRC）。

（2）发起机构为金融机构、非金融企业。

（3）基础资产为企业应收款、信贷资产、信托受益权、基础设施收益权等财产权利或商业物业等不动产财产或财产权利和财产的组合等。

（4）交易场所为证券交易所、证券业协会机构间报价与转让系统、柜台市场全国中小企业股份转让系统。

（5）登记托管机构为中国证券登记结算有限责任公司。

3.资产支持票据

(1)监管机构为银行间交易商协会(NAFMII)。

(2)发起机构为非金融企业。

(3)基础资产为符合法律法规规定,权属明确,能够产生可预测现金流的财产、财产权利或财产和财产权利的组合。基础资产不得附带抵押、质押等担保负担或其他权利限制。

(4)交易场所为银行间债券市场。

(5)登记托管机构为上海清算所。

2015 年,中国资产证券化市场有了显著的发展。全国共发行 1 386 只资产证券化产品,总金额 5 894 亿元,同比增长 79%。其中,信贷 ABS 发行 388 单,发行额 4 056 亿元,同比增长 44%,占发行总量的 68%。企业 ABS 发行 989 单,发行额 1 802 亿元,同比增长 359%,占比 31%。ABN 发行 9 单,发行额 35 亿元,同比减少 61%,占比 1%。详情见表 7.1 和图 7.4。从数据中可以看到,企业 ABS 产品的增速领先于其他大类。同时,我们也可以注意到,企业 ABS 产品每单平均规模 2 亿,远远低于信贷 ABS 的 10 亿平均规模。由于企业 ABS 产品基础资产多样化,每个项目的操作效率就低,操作成本高,加上规模小,发行利率成本更容易变高。

表 7.1 资产证券化产品发行及存量规模

	发行				存量	
	单数	金额 (亿元)	平均 规模	占比	金额 (亿元)	占比
信贷 ABS	388	4 056	10	68%	4 720	66%
企业 ABS	989	1 802	2	31%	2 300	32%
ABN	9	35	4	1%	159	2%
总计	1 386	5 894	4	100%	7 179	100%

数据来源:Wind 资讯,中央结算公司

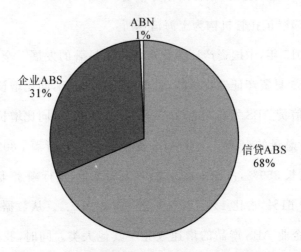

图 7.4 2015 年大类资产证券化产品发行规模占比

数据来源:Wind 资讯,中央结算公司

2015 年,全国资产证券化产品的市场存量为 7 179 亿元,同比增长 128%。其中,信贷 ABS 存量为 4 720 亿元,同比增加 88%,占市场总量的 66%。企业 ABS 存量 2 300 亿元,同比增长 394%,占比 32%。ABN 存量 159 亿元,同比减少 5%,占比 2%。详情见表 7.1 和图 7.5。

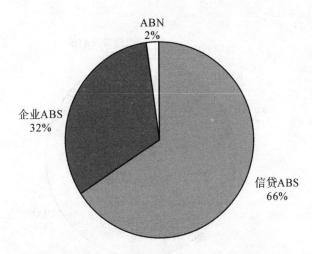

图 7.5　2015 年大类资产证券化产品存量规模占比

数据来源：Wind 资讯，中央结算公司

在 2015 年发行的信贷 ABS 产品中，公司信贷类资产支持证券（CLO）为主要发行品种，其次是个人汽车抵押贷款支持证券（Auto-ABS）和个人住房抵押贷款支持证券（RMBS）。CLO 发行额 3 178 亿元，占比 78％。Auto-ABS 发行额 337 亿元，占比 8％；RMBS 发行额 260 亿元，占比 6％；信用卡贷款 ABS 发行额 156 亿元，占比 4％；消费性贷款 ABS 发行额 63 亿元，占比 2％（见图 7.6）；租赁 ABS 发行额 62 亿元，占比 2％。本书稍后将对信贷类 ABS 基础资产稍加讨论。

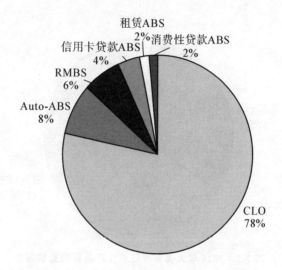

图 7.6　2015 年信贷资产证券化产品发行规模占比

数据来源：Wind 资讯，中央结算公司

　　在 2015 年发行的企业 ABS 产品中，排名前三的是以融资租赁资产、公共事业收费权以及应收账款为基础资产的。融资租赁类 ABS 发行量为 513 亿元，占比 29％；公共事业收费权 ABS 发行量为 415 亿元，占比 23％；应收账款 ABS 发行量为 230 亿元，占比 13％（见图 7.7）。除上述大类资产外，信托收益权 ABS 发行 177 亿元，占比 10％；小额贷款 ABS 发行 138 亿元，占比 8％；不动产投资信托类（REITs）ABS 发行 131 亿元，占比 7％；企业经营性收入类产品发行 78 亿元，占比 4％；企业债权类 ABS 发行 43 亿元，占比 3％；其余发行 78 亿元，占比 4％（其中：股票质押回购 ABS 发行 34 亿元，住房公积金 ABS 发行 19 亿元，保理融资债权类 ABS 发行 13 亿元，两融债权类 ABS 发行 12 亿元。）

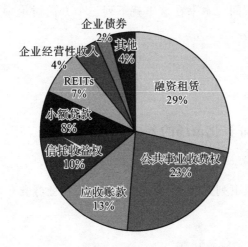

图 7.7　2015 年企业资产证券化产品发行规模占比

数据来源：Wind 资讯，中央结算公司

三、中国资产证券化市场展望

　　由于历史原因,中国的金融市场依旧处于初级阶段,虽然有成熟市场可以对标,但由于体制的差异,中国的金融市场有其自身的特色。资产证券化在有中国特色的土壤上已有十多年的历史。虽然 2014 年和 2015 年有了迅猛的发展,但相对于整个 47 万亿的债市规模,资产证券化在中国依旧处于萌芽时期,有着庞大的想象空间。本书在这里就下列三个方面讨论中国的资产证券化的展望：

(一)中美证券化市场的差异

本书从下列几个方面讨论一下中美在证券化市场方面的差异：

1.产品大类的构成

本书将中美两国 ABS 产品大类的构成进行比较，并对某些大类做一些简单的分析，并由此对资产证券化的趋势做一个研判。美国 ABS 主要产品大类虽然表面性质迥异，在根本层次上却有着很强的共性。中国的资产证券化产品种类非常繁杂，有些产品是现有监管环境和市场条件下的特有产物。在中国金融市场不断成熟的总趋势下，有些产品必然没有长久的生命力。

根据美国"证券行业和金融市场协会（SIFMA）"的统计，美国资产证券化行业在 2015 年的发行及存量规模如表 7.2 所示。其中平均期限是根据存量和发行规模的比值估算出来的。美国的市场相对稳定，所以存量除以年发行量差不多就是 ABS 产品的平均期限。

表 7.2　美国资产证券化产品发行及存量规模

	MBS	Auto	学生贷款	信用卡	设备租赁	其他
发行(百万美元)	1 716	98	14	24	16	140
存量(百万美元)	8 752	190	202	129	51	1 006
发行占比	85%	5%	1%	1%	1%	7%
平均期限(年)	5	2	15	5	3	7

数据来源:SIFMA

将信贷 ABS 和企业 ABS 合并起来,2015 年中国前 6 大 ABS 产品发行规模如表 7.3 所示:

表 7.3　中国资产证券化产品 2015 年发行规模

	CLO	融资租赁	公共事业收费权	Auto-ABS	RMBS	应收账款
发行量(亿元)	3 178	513	415	337	260	230
占比	54%	9%	7%	6%	4%	4%

数据来源:Wind 资讯,中央结算公司

从表面层次来看,中美两国资产证券化产品大类构成的差异主要表现在下列几点。美国规模最大的 ABS 产品是个人房贷支持证券,市场占比 85%。中国规模最大的 ABS 产品是企业贷款支持证券(CLO),而中国的 RMBS 只占市场的 4%,排名第五。美国第二大发行量的 ABS 产品是 Auto-ABS,占比 5% 左右;信用卡、设备租赁、学生贷款等 ABS 各占 1% 左右。中国的融资租赁证券化产品规模占比 9%,排行第二;Auto-ABS 占比 6%,排行第四。公共事业收费权以及应收账款的支持证券在中国的证券化市场占比 7% 和 4%,而在美国市场几乎不可见。

从更深的层次来看,美国主要大类证券化产品都有些共性。共性之一是基础资产所牵涉的借款人都很难有直接融资的机会。事实上,绝大多数的基础资产都是个人信贷。中国的个人信贷制度仍在建立完善过程中,随着个人信贷市场的发展,这类证券化基础资产也会成长起来,个人信贷产品的 ABS 市场将有巨大发展空间。但就目前而言,在中国排名第一的证券化产品CLO 涉及的借款人是公司,甚至是大型公司。大型公司是应该能在市场上直接融资的。中国市场的证券化产品种类繁多,基础资产类别极其丰富。从金融本质上讲,有些基础资产是不应该用来证券化的,比如水电的营业性收入。由于水电的收入是可预期的,水电公司发债成本较低,适合高杠杆运作。

美国主要大类证券化产品的共性之二是,原始权益人将资产证券化大都是为了轻资产运作,扩大营业规模。拿 RMBS 为例,商业银行或特殊金融服务公司通过证券化大大缩短了房贷持有时间。原始权益人持有房贷的时间往往是一个月,而房贷的平均寿命是 5 年,也就是 60 个月。也就是说,在同等资金规模的约束条件下,商业银行可以通过证券化将放贷规模扩大 60倍。

美国主要大类证券化产品的共性之三是基础资产的分散性。房贷、车贷、信用卡应收款的每笔余额都较小,每个证券化的结构都有上千甚至上万笔资产。中国的许多资产证券化产品的基础资产风险过于集中,因而优先劣后的内部增信不能有效保护优先级。一个 ABS 交易结构有多少笔资产就算风险足够分散？为了帮助读者在定量的层次上理解这个问题，本书下面做一个简单的展示。

本书在这里假想一个证券化产品，其基础资产是一池子完全等同（贷款余额、预期违约率等均相同）但相互之间无关联（违约相关系数为零）的贷款。我们进一步假定这些贷款的违约率是 10%，回收率为零。该证券化产品的结构是 80% 优先，20% 劣后。基本假定见表 7.4。

表 7.4 假想 ABS 的基本假定

ABS 结构		基础资产	
优先	劣后	违约率	回收率
80%	20%	10%	0

我们以池子中的贷款个数来代表集中度的情形，选了贷款个数为 1, 10, 100, 1000 四种情形。针对每一个集中度情形，我们运用蒙特卡罗模拟，计算了基础资产、优先级和劣后级的本金损失的均值和标准差，如表 7.5 所示。从运算结果可以看出，集中度的变化，不改变基础资产的预期损失率，但随着分散度的提高，基础资产本金损失的标准差也就变得越小。当贷款个数为 1 时，优先和劣后的风险完全相同，预期本金损失率均为 10%，本金损失率标准差均为 31%。当贷款个数为 10 时，基础资产的预期本金损失率不变，但基础资产本金损失率的标准差降到 9%。由此，优先的预期损失率降为 1%，而劣后的预期损失率

升至 46%。当贷款个数到 100 以上时,优先的预期损失率几乎为 0,而劣后几乎承担了全部的信用风险。由此可见,优先级喜好风险分散,劣后喜好风险集中。

表 7.5　假想 ABS 的本金损失的均值和标准差

贷款个数	均值				标准差			
	1	10	100	1 000	1	10	100	1 000
基础资产	10%	10%	10%	10%	31%	9%	3%	1%
优先级	10%	1%	0%	0%	31%	4%	0%	0%
劣后级	10%	46%	50%	50%	31%	39%	16%	5%

本书进一步分析了在各种风险集中度的情形下,基础资产和劣后级本金损失的概率分布,如图 7.8 和图 7.9 所示。当贷款个数为 10 时,基础资产的本金损失概率分布是相当离散的。在此情形下,基础资产损失超过 20%(也就是优先本金受损)的概率可达 5%。当贷款个数为 100 时,基础资产的本金损失概率分布几乎已成正态分布,大数定律已基本可用。从劣后的概率分布可以看出,也有相当的概率损失达到 100%。也就是说,需要加大劣后的厚度来保护优先。当贷款数达到 1 000 时,劣后损失达到 100% 的可能微乎其微,优先得到很好的保护。如果资产池中资产个体之间相差不太大的话,我们可以有这样一个定量的认知:如果资产个数未上百,个体风险太高,内部增信往往不足以保护优先,需要有外部增信;资产个数上百时,大数定律可用,但劣后需要大幅增厚去抵抗个体风险;当资产个数上千

时,个体风险大幅减少,劣后主要用于抵抗系统风险。一个有效的 ABS 设计,应该将优先的相对规模最大化,也就是说需要将基础资产尽可能分散化。

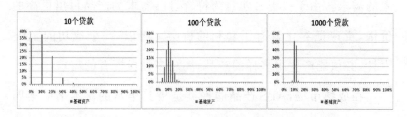

图 7.8 基础资产本金损失概率分布

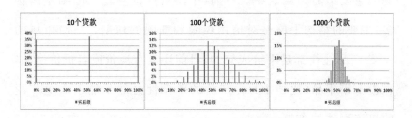

图 7.9 劣后级本金损失概率分布

综合上述的所有分析,我们可以用这样 3 个方面来衡量一个 ABS 产品有没有长久的生命力:(1)最终融资者没有直接融资能力;(2)原始权益人可以借助 ABS 轻资产运作,大幅度扩大业务规模;(3)基础资产足够分散化。符合这些标准的有RMBS、个人消费类 ABS、租赁 ABS 等。中国现有的一些操作成本极高的为非金融企业融资的 ABS 产品在市场足够成熟后会消失,然而存在即合理,这些产品会因当前的金融市场现状而存在相当时间。

2.投资者群体以及 ABS 产品的多样性

资产证券化的动力之一是套利的机会。资产证券化的发起人将基础资产的现金流打包成各种个性化产品,满足多种投资者的需求。由于投资者愿意为符合自己需求的产品付出更高的价格,资产证券化就有了套利的机会。所以,一个成功的 ABS 设计,必须能产生出多样的产品,满足多种投资者的需求。

在成熟市场,ABS 产品的种类是极其丰富的。本书的第四章列出了 20 多种 CMO 产品。CMO 品种的多样性是 RMBS 市场的重要活力因素之一。目前,中国资产证券化产品则单调很多,主要的结构手段是对信用风险和期限的切割。一级市场的 ABS 产品往往都是平价成交的,目前还没有溢价或者折价产品,也没有衍生品(比如 IO)。产品的单调性必然不能引入更广泛的投资群体的参与。

当前 ABS 产品的单调性也和投资者群体不够发达有关。ABS 产品的多样性和投资者群体的广泛参与是 ABS 市场活跃的重要因素,同时两者之间又是相辅相成的。在美国 ABS 市场,主要参与的投资者群体有银行、保险或退休基金、理财公司对冲基金等。在同一个 ABS 交易里,往往有 3 种投资者参与。而在中国市场,保险公司参与的 ABS 投资少很多。在同一个 ABS 交易里,出现多种投资者的概率小很多。

3.券商的定位以及二级市场的活跃度

无论是一级还是二级市场,成熟市场的券商在 ABS 领域都是积极主动参与的。一般来讲,一级市场交易带来的利润是远比二级市场的利润丰厚的。所以大券商往往愿意承担 ABS 一级市场的发行。丰厚的利润也需要承担相应的风险。ABS 发行商为了发行 ABS 往往需要囤积基础资产,因而承担了基础资产的价格风险。而在中国市场,券商和基金子公司在做证券化业务时并不承担基础资产的风险,从风险承受的角度来看,券商和基金子公司现在是,将来很长时间也是银行和企业的通道。这个状况要在市场非常成熟之后才会改变。

相对于美国市场,中国 ABS 二级交易不是很活跃。中国 ABS 的年换手率大约 7%,而美国的 ABS 现货换手率达到 20%。但是中国债市整体活跃度并不低于美国。就企业债来讲,中国的年换手率达到 200%,而美国的年换手率则是 80% 左右。无论是相对于美国的 ABS 市场,还是相对于中国整体债市,中国 ABS 二级市场的活跃度都有待提高。

(二)近期中国企业 ABS 创新案例

2014 年 11 月,证监会发布了《证券公司及基金管理公司子公司资产证券化业务管理规定》,备案制开始实施。此后一年,企业 ABS 的发行数量超过 100 只,发行金额超过 1 000 亿元,超过过去 10 年的累计规模。这一年中,有过许多新基础资产类型

资产证券化与投资市场

的探索,也有过交易结构的创新。本书在这里借用张君亦编制的创新清单(见表7.6),也借机对三个案例做个点评:宝信租赁、民生贸易金融、京东白条。

表 7.6　备案制一年中的创新案例

管理人	ABS 项目名称	发行时间	创新点	规模（亿元）
中信证券	中和农信 2014 年第一期公益小额贷款资产支持专项计划	2014/12/9	首单公益小额贷款项目	5.0
恒泰证券	宝信租赁一期资产支持专项计划	2014/12/16	首单融资租赁项目	4.1
华夏资本	中信华夏苏宁云创资产支持专项计划	2014/12/16	首单商业物业项目	44.0
中信证券	五矿发展应收账款资产支持专项计划	2014/12/24	首单应收账款项目	29.4
恒泰证券	镇江优选小贷 1 号资产支持专项计划	2015/2/2	首单集合小贷项目	5.5
国泰君安资管	国君资管恒信 1 号资产支持专项计划	2015/3/18	首单信托受益权项目	26.0
恒泰证券	海南航空 1 期 BSP 票款债权资产支持专项计划	2015/4/10	首单航空客票项目	20.5
工银瑞信	宝钢集团新疆八一钢铁有限公司一期应收账款资产支持专项计划	2015/5/4	首单单一债务人应收账款项目	12.0
长安财富	长安资产·方正证券股票质押式回购债权资产支持专项计划	2015/5/19	首单股票质押式回购债权项目	4.0
恒泰证券	摩山保理一期资产支持专项计划	2015/5/20	首单保理应收账款项目	4.4
安信证券	星美国际影院信托受益权资产支持专项计划	2015/6/17	首单完全竞争性行业收入来源项目	13.5

续表

管理人	ABS项目名称	发行时间	创新点	规模（亿元）
民生加银	汇富武汉住房公积金贷款1号资产支持专项计划	2015/6/30	首单公积金项目	5.0
国泰君安资管	华泰国君融出资金债权1号资产支持专项计划	2015/8/7	首单两融项目	5.0
华泰证券资管	扬州保障房信托受益权资产支持专项计划	2015/8/7	首单保障房项目	10.5
博时资本	博时资本－世茂天成物业资产支持专项计划	2015/8/12	首单物业费项目	15.1
广发资管	广发资管·民生银行安驰1号汇富资产支持专项计划	2015/8/21	首单贸易金融项目	9.1
华泰证券资管	京东白条应收账款债权资产支持专项计划	2015/9/15	首单互联网个人消费类应收账款项目	8.0
嘉实资本	汇富河西嘉实1号资产支持专项计划	2015/10/12	首单酒店会展行业项目	8.5
嘉实资本	嘉实节能1号资产支持专项计划	2015/10/16	首单央企环保领域（绿色金融）项目	6.8
外贸信托	消费信贷信托受益权资产支持专项计划	2015/10/16	首单消费信贷信托受益权项目	5.2
信达证券	广州机场高速公路车辆通行费收益权资产支持专项计划（2015年）	2015/10/17	首单"破4"项目	44.0

1.宝信租赁一期资产支持专项计划

这是备案制后首单融资租赁ABS项目。此后一年内,整个融资租赁行业发了 30 余单,累计规模 300 多亿,平均规模 10 亿左右。而其他企业 ABS 的平均规模不到 2 亿。根据我们与上交所的沟通,上交所 2015 年重点工作之一就是租赁资产证券化。理由也很简单:(1)租赁资产债权明晰,是类贷款,本身适合做资产证券化。(2)融资租赁行业快速发展,由于有杠杆比例限制,对融资、资产出表动力很强。(3)由于现在操作项目的标的物的所有权没有转移给 SPV,一旦出险对标的物的处置有问题,因此租赁公司的资产管理、风险控制能力非常重要。同时以后产品设计上考虑内部增信,增加入池资产数量,提高分散度,劣后由非原始权益人购买等等,使原始权益人能实现出表。总而言之,我们看好真实租赁的资产证券化。

2.广发资管·民生银行安驰 1 号汇富资产支持专项计划

这是首单贸易金融项目,打开了贸易金融这个商业银行传统业务与资本市场的通道,构造了适合保理、保函、信用证等特性的规模交易模式。虽然保理、保函、信用证等可以直接交易,但证券化可以让产品标准化和规模化。一次申报,多次发行的模式大大缩短了操作时间和发行成本。常态化发行这个模式也增加了发行时点的可预期性,也因此增加了产品的受欢迎程度。

类似模式也可以用在企业应收账款 ABS 项目上。过去的模式是项目型的操作方式。对于 ABS 管理人来说,每个企业应收账款 ABS 项目个性都很强,操作方式不可复制,也就不可规模化。对于投资者来说,也因应收账款 ABS 产品个性化太强不能复制,使得分析成本也很高。管理人的操作成本和投资者的分析成本都最终大幅提高了 ABS 的发行成本。更加有效的 ABS 发行模式是在供应链中选择一个高品质的核心主体,充当服务商,归集资产,把控风险,并提供外部增信。这个主体必须对相关的实体行业有足够的渗透,对链条中诸企业有相当的风险评估和把控能力。这种主体可以是银行、大型国有企业、租赁公司。在这种模式下,每单 ABS 规模可以大幅提高,发行可以常态化、标准化。投资者对 ABS 产品的分析就可以局限在行业以及核心主体上,因而分析成本也大幅降低。

3.京东白条应收账款债权资产支持专项计划

这是首单互联网个人消费类应收账款项目。互联网个人消费类应收账款的特征与信用卡应收账款非常相似,因而该 ABS 项目与信用卡 ABS 也有极其相像之处:(1)基础资产极其分散;(2)基础资产的风险控制可以借助大数据来实现;(3)基础资产期限短,产品期限长。循环购买的操作方式对存续期的运营能力有很高的要求。

本书所点评的三个案例,也许代表着企业 ABS 中最有前途的三个发展方向。

(三)推动中国 ABS 的一些着力点

虽然备案制实行后 ABS 发行有了很大的提高,但总体规模相对于整个债券市场而言还是很小,ABS 市场还有很大的向上空间。我们认为下列几点也许是进一步推动 ABS 业务发展的着力点:

1.利率市场化

利率市场化主要指的是贷款利率市场化,以及贷款价格的市场化。信贷 ABS 往往被贷款的定价所困扰。我们常常被问到一些伪问题,比如"8 折的房贷如何证券化"。目前,中国的金融市场还是银行为主导,融资主要也是通过银行贷款来实现。利率市场化意味着贷款利率必须真实反映利率风险以及信用风险。贷款的价格在存续期应该随着市场利率和借贷者的信用资质而变动。在利率真正市场化之后,贷款价格就因票面利息、市场利率等变成溢价、折价、平价等。在利率充分市场化的情形下,也就不会再存在着"优质资产不该证券化"的伪命题。

2.基础资产的二级交易

如果基础资产没有交易场所也就没有交易价格,其定价也就不能真正的市场化。如果基础资产二级市场有足够的活跃度,则券商就可以摆脱通道的定位,就可以通过买入资产—证券化—销售的路径,充分享受 ABS 一级市场的红利。只有这样,原始权益人与 ABS 的 SPV 的交易才能成为真实的市场交易。也只有这样,ABS 才能真正发展起来。

3.ABS 投资的杠杆化

ABS 投资的杠杆化主要指的是两个方面:(1)杠杆化产品,也就是 ABS 衍生品;(2)以 ABS 为质押标的的投融资。如果 ABS 投资不能杠杆化,投资者就不能充分表达其投资理念,对 ABS 的投资兴趣也就降低。如果 ABS 市场能够提供杠杆化投资的机会,投资者群体则会进一步扩大。

结　论

　　对于金融产品尤其是抵押贷款和其他金融资产的证券化，源于 20 世纪 60 年代金融领域的创新实践。证券化行为从总体上来说对借款人、贷款人、投资者和美国经济大有裨益。这些好处有：增加了购房者的房屋所有权，信贷更易获得，借、贷款利率更低，为投资者提供了优良的产品，房地产经济更加繁荣，总体经济运行良好。金融产品的多样性不是导致金融危机的根本原因。促使美国次贷危机发生的主要原因是金融产品的滥用、专业知识的缺乏、风险评估的不完善以及监管和控制力度不足。如果这些复杂的金融产品被更好地理解，则与之相关的风险将会大大降低。

　　在证券化的投资市场中，纵观证券化产品的历史演变、它们的分类，以及在资本市场伴随美国金融危机过程所扮演的角色都一目了然。书中对 MBS(抵押贷款支持证券)、CMO(抵押担保债券)、ABS(资产支持证券)以及信用卡资产证券化等都做了详细介绍。

　　抵押贷款支持证券和资产支持证券在 2007—2008 年的金融危机中仍然在市场上进行大量交易。这一现象说明,这些复杂的金融产品会继续存在,同时具有切实可行的投资价值,因为市场和经济的发展需要它们。

专业术语对照表

ABS——资产支持证券。

Arbitrage——套利,在一个市场中购买证券,再到另一个市场转售,从价差中获利。

CDO——担保债务凭证。

CLO——担保贷款凭证。

CMO——抵押担保债券。

CPFF——商业票据基金。

CPR——早偿率。

FHA——联邦住房管理局。

FHLMA——联邦住房抵押贷款公司,一家于 1990 年由政府出资成立的公司,也叫房地美。

FmHA——农民家庭管理局。美国的一个农业部门机构。

FNMA——联邦国民抵押贷款协会,一家于 1938 年由政府出资成立的公司,也叫房利美。它是美国二级市场住房信贷的主要来源。

GNMA——美国政府国民抵押贷款协会,一家国有的并且隶属于美国政府住房与城市发展部的公司,也叫吉利美。

GSE——政府支持企业。

HUD——住房与城市发展部,联邦政府设立的一个部门,其任务就是扩大房屋所有权,巩固房地产市场,增加房屋租赁的渠道。

LIBOR——伦敦同业拆借利率。它是国际上运用最为广泛的短期基准利率。

MBS——抵押支持债券。这是由抵押贷款集合而成的证券,并以所拥有的财产(如住房)作为担保。

PAC——计划摊还证券。一种抵押担保债券的现金流结构。

Pass-through securities——过手型证券,证券由一系列资产作为支持,为投资者提供固定收益。像房利美这样的服务实体收集发行人每月的支付款项,扣除一小部分费用后,再将其转给投资者。

Pay up——投资者购买市场价值较高的证券时所需要的额外资金。

PC——参与权益证明。

Pro rata——成比例的。

Ratings Agency——信用评级机构,对资金实力、稳定性和比较风险方面提供评级的金融服务机构(如穆迪、标普、惠誉等)。

REITs——房地产投资信托基金。

RoA——资产收益率。

Securitization——证券化,将非流动性资产汇集或合并成证券的过程。

SPV——特殊目的载体。也称特殊目的实体,这是一个由抵押贷款或债券发起人为隔离发行与(或)投资中的金融风险而设立的分支机构。

TAC——目标摊还债券。一种抵押担保债券的现金流结构。

TALF——定期资产抵押证券贷款工具。

TARP——不良资产处置计划。它是美国政府在2007—2008年的金融危机中实施的一项计划,美国财政部购入濒临破产的银行和公司的资产。这一计划使得诸如通用汽车(GM)、AIG、花旗银行等不少"大而不倒"的公司在遭受巨大经济损失和破产的情况下得以幸存,同时有政府回购资金的偿还预期。

TBA Market——待定市场。

Tranche——法语单词,意思是"分档"。指一类证券的风险。通常被称为高级担保、夹层和股权(无担保)。高级担保风险小,夹层风险较大,股票风险最大,有时甚至会被认为是垃圾债券。

VA——退伍军人管理局。

VADM——准确期限债券。一种抵押担保债券的现金流结构。

Valuation Modeling——确定证券、资产和公司价值的过程。

Z 型债券——利息或实物支付。一种抵押担保债券的现金流结构。

图书在版编目(CIP)数据

资产证券化与投资市场:来自中美市场一线的探索/李叶著;黄文礼,李璐译;
巴曙松译审.—厦门:厦门大学出版社,2016.7
ISBN 978-7-5615-6173-7

Ⅰ.①资… Ⅱ.①李…②黄…③李… Ⅲ.①证券市场-研究-美国②证券市场-研究-中国 Ⅳ.①F837.125②F832.51

中国版本图书馆 CIP 数据核字(2016)第 164345 号

出 版 人	蒋东明
策划编辑	宋文艳
责任编辑	吴兴友
装帧设计	李夏凌
责任印制	吴晓平

出版发行	厦门大学出版社
社 址	厦门市软件园二期望海路 39 号
邮政编码	361008
总 编 办	0592-2182177 0592-2181406(传真)
营销中心	0592-2184458 0592-2181365
网 址	http://www.xmupress.com
邮 箱	xmupress@126.com
印 刷	厦门市万美兴印刷设计有限公司

开本	720mm×1000mm 1/16
印张	11.75
字数	150 千字
印数	1~3 000 册
版次	2016 年 7 月第 1 版
印次	2016 年 7 月第 1 次印刷
定价	39.00 元

本书如有印装质量问题请直接寄承印厂调换

厦门大学出版社
微信二维码

厦门大学出版社
微博二维码